치유의 현장,
예수님과 함께!

치유의 현장, 예수님과 함께!

집필자 손윤탁
기 획 총회한국교회연구원
펴낸이 원성삼
표지디자인 한영애
펴낸곳 예영커뮤니케이션

초판 1쇄 발행 2023년 9월 20일

등록일 1992년 3월 1일 제2-1349호
주소 03128 서울시 종로구 대학로3길 29, 313호(연지동, 한국교회100주년기념관)
전화 02-766-8931
팩스 02-766-8934
이메일 jeyoung@chol.com

ISBN 979-11-89887-68-1 (03230)

값 15,000원

모든 인간은 하나님의 형상을 닮은 존귀한 존재입니다. 사람은 인종, 민족, 피부색, 문화, 언어에 관계없이 모두 다 존귀합니다. 예영커뮤니케이션은 이러한 정신에 근거해 모든 인간이 존귀한 삶을 사는 데 필요한 지식과 문화를 예수 그리스도의 사랑으로 보급함으로써 우리가 속한 사회에 기여하고자 합니다.

치유의 현장,
예수님과 함께!

총회한국교회연구원

예영

치유의 현장, 주께서 함께 하십니다

총회한국교회연구원 이사장 김순미 장로

김의식 목사님의
제108회기 총회장 취임을 축하드립니다.

총회 산하기관인 총회한국교회연구원은
'주여, 치유하게 하소서!'라는 제108회기 주제의 활성화를 위하여
매우 기초적이고 기본적인 성경연구 자료를 제공하기 위하여
『치유의 현장, 예수님과 함께!』라는 책자를 발간하였습니다.

일선 목회자들에게는 '설교집'이나 '주제 해설서'도 필요하지만
본 연구소에서 기안한 것은 목회 현장에서 꼭 필요한 것이
실제적인 '기초자료'라는 사실을 확인하고
이에 『치유의 현장, 예수님과 함께!』를 발행한 것입니다.

이 연구 교재는 설교집이 아니라
설교자들에게는 설교의 자료(source)를 제공하고
성도들에게는 소그룹 활동 성경공부 교재로 편집한 것이므로
치유와 상담 사역자들에게는 성경적 사례를 확인함과 동시에
언제나 치유의 현장에 계시는 주님을 체험하게 될 것입니다.

마가는 예수께서 제자들을 부르신 목적(막 3:13-15)을
① 자기와 함께 있게 하시고
② 보내사 전도도 하며
③ 귀신을 내쫓는 권능도 가지게 하려 하심이라고 밝혔습니다.
함께 하시며, 단순히 전도만 하게 하시는 것이 아니라
귀신을 내쫓는 치유의 권능까지도 주시겠다고 약속하셨습니다.

집필을 위하여 수고해 주신 손윤탁 원장님과
격려를 아끼지 않으신 김의식 총회장님!
그리고 총회한국교회연구원'을 위하여 기도해 주시고 도와주시는
이사님들의 사랑과 격려에 깊은 감사를 드립니다.

주님의 말씀으로 치유함을 받습니다

대한예수교장로회 제108회기 총회장 김의식 목사

치유하시는 분은 하나님이십니다.
치유의 능력은 주님으로부터 받습니다.
그러므로 모든 치유의 근거는 말씀에 의한 것이어야 합니다.

제108회기 총회 주제는 '주여, 치유하게 하소서!'입니다.
그래서 총회주제위원회는 주제해설집을 출판하였으며
총회교육자원부는 교육주제해설을 위한 자료집을 제작하였습니다.
특히 주제에 따른 설교집을 제작하여 배포하기도 하였으나
금년에는 총회한국교회연구원이 색다른 일을 시도하였습니다.

복음서에 나타난 예수님의 치유 사역을 정리하여
일선 목회자나 교사들이 성도들의 형편과 교회의 환경에 따라
주제에 따른 교재를 재구성하여 사용할 수 있는

자료집을 출판한 것입니다.
설교자들이나, 치유 사역자나 상담자들에게도
큰 도움이 되리라 확신합니다.
물론 필요에 따라 가정예배나 개인적인 묵상 자료집으로
사용이 가능한 책이 아닌가 하는 생각이 듭니다.
말 그대로 '치유보감'(治癒寶鑑)이라는 이름을 붙이고 싶습니다.

더욱 중요한 것은
그 중심 내용이 예수님께서 행하신 치유 사역이라는 점입니다.
예수님은 이 땅에 오셔서 하나님 나라를 가르치시고(teaching),
선포하시며(preaching),
병든 자들과 연약한 자들을 치유(healing)하셨습니다.
치유 사역은 하나님 나라와 복음 전파를 위한 수단이기도 하지만
그 자체가 중요한 사역의 목적이었습니다.
그러므로 『치유의 현장, 예수님과 함께!』는
이번 회기에 끝날 자료가 아니라
두고두고 연구하고 묵상하며 읽고 되새겨야 할 내용들입니다.

특히 기독교의 치유 사역은
반드시 주님의 말씀에 근거한 것이어야 합니다.
이러한 사실을 증거하며 기록된 것이 복음서이며
계속적인 치유 사역을 위하여 오신 분이 성령님이십니다.

총회한국교회연구원은
'성령행전'이라 불리는 '사도행전에 나타난 치유 사역'을 주제로 하여
2024년 새해맞이 특별새벽기도회를 위한 교재도
준비 중이라고 합니다.

치유의 역사는 실제로 체험하는 일이 중요합니다.
이 도서를 대하는 분들마다 말씀으로 말미암아
놀라운 역사를 경험하는 성도들이 되시기 바랍니다.

이 일을 위해 수고해 주신 총회한국교회연구원 가족 여러분들에게
깊은 감사를 드리며, 좋은 결과가 있으리라 믿으며 격려합니다.
시대적인 상황이 상처받기에 좋은 여건인지라

한국 교회와 이 책을 대하는 모든 독자들에게

하나님의 크신 은총이 함께 하시기를 축복합니다.

그래서 치유의 역사가 여기저기에서 나타나게 됨으로

체험적인 신앙을 통한 한국 교회의 변화와 성장을 기대합니다.

차례

1과

아구까지 채우라

요한복음 2:1–11

1 사흘째 되던 날 갈릴리 가나에 혼례가 있어 예수의 어머니도 거기 계시고
2 예수와 그 제자들도 혼례에 청함을 받았더니
3 포도주가 떨어진지라 예수의 어머니가 예수에게 이르되 저들에게 포도주가 없다 하니
4 예수께서 이르시되 여자여 나와 무슨 상관이 있나이까 내 때가 아직 이르지 아니하였나이다
5 그의 어머니가 하인들에게 이르되 너희에게 무슨 말씀을 하시든지 그대로 하라 하니라
6 거기에 유대인의 정결 예식을 따라 두세 통 드는 돌항아리 여섯이 놓였는지라
7 예수께서 그들에게 이르시되 항아리에 물을 채우라 하신즉 아귀까지 채우니
8 이제는 떠서 연회장에게 갖다 주라 하시매 갖다 주었더니
9 연회장은 물로 된 포도주를 맛보고도 어디서 났는지 알지 못하되 물 떠온 하인들은 알더라 연회장이 신랑을 불러
10 말하되 사람마다 먼저 좋은 포도주를 내고 취한 후에 낮은 것을 내거늘 그대는 지금까지 좋은 포도주를 두었도다 하니라
11 예수께서 이 첫 표적을 갈릴리 가나에서 행하여 그의 영광을 나타내시매 제자들이 그를 믿으니라

잔치집에 포도주가 모자랐습니다.

가나의 혼인 잔치집!

모두가 기뻐하고 축하하며 즐거워야 할 자리였습니다.

그런데 꼭 있어야 할 포도주가 떨어졌다고 합니다.

혼인집 잔치 분위기를 북돋우어 줄 포도주가 없습니다.

혼례는 계속 진행될 수도 있지만 흥겨움이 사라질 위기입니다.

그때에 예수께서 하인들에게 말씀하십니다.

"항아리에 물을 채우라."(요 2:7)

하인들은 두세 통 드는 돌 항아리 여섯에 물을 채웁니다.

그리고 시키는 대로 순종합니다.

"이제는 떠서 연회장에게 갖다 주라."(요 2:8)

성경은 갈릴리 가나에서 행하신 이 일이 첫 표적이라 하셨으며

그의 영광을 나타내셨을 뿐만 아니라

제자들도 비로소 믿음을 가지게 된 계기로 보았습니다.

무엇보다 첫 번째이었기에 두 번째와 세 번째가 있는 것입니다.

그래서 우리는 이 놀라운 표적의 교훈을 생각하려고 합니다.

1. 예수님을 혼례에 초청하였습니다.

어머니도, 제자들도 이 혼례에 초청을 받았습니다.
사람을 초대하여 대접하는 일은 잘하는 일입니다.
교회 성도들을 초대하여 마음껏 대접하고 싶지만
이러한 기회라도 있으면 얼마나 좋을까 하는 분들이 있지요?
대접하기를 좋아하시는 분들은 정말 복 받을 사람들입니다.

만약 예수님을 초청하지 않았다면 어떻게 되었을까요?
포도주가 부족한 그대로의 쓸쓸한 잔치가 되고 말았을 것입니다.
어머니가 있었으니 얼른 눈치를 채고 부탁을 할 수 있었고
제자들이 초대를 받았으니 이 위대한 기록을 남겼습니다.
우리의 인생에도 예수님을 모셔야 잔치하는 삶을 살 수 있습니다.

2. 마리아는 예수님에게 부탁합니다.

마리아는 예수님을 가장 잘 아는 분입니다.
마리아는 예수님의 어머니이기 때문입니다.
물론 신모(神母)로 착각하는 일은 없어야 합니다만
어머니인 마리아는 이 상황을 알고 예수님께 구한 것입니다.
"예수에게 이르되 저들에게 포도주가 없다 하니"(요 2:3)

우리도 예수님을 잘 아는 성도들입니다.
매주일마다 '사도신경'으로 그분이 누구이신지를 고백합니다.
어려운 일이 있다면 우리가 잘 아는 그분에게 구하여야 합니다.
구하는 자에게 반드시 응답하시는 예수님이십니다(마 7:7-11).
아직 내 때가 아니라고 하시면서도 이 일을 행하십니다.

3. 하인들은 말씀대로 순종하였습니다.

지금 형편으로는 포도주가 필요합니다.
그런데 주님은 물을 채우라고 하십니다.
그리고 그것을 연회장에게 갖다주라고 하십니다.
따지고 보면 정말 지금 그럴 상황이 아니지 않습니까?
그러나 하인들은 순종하였습니다.

따를 수 있는 여건이면 순종을 강조할 필요가 없습니다.
전혀 그럴 수 없는 환경에서 따랐기에 순종이 돋보입니다.
베데스다 못가, 38년 된 병자에게 이해할 수 없는 명령을 하십니다.
"네 자리를 들고 걸어가라."(요 5:8)
그런데 그 사람이 치유함을 받고 자리를 들고 걸어갑니다(요 5:8).

이전보다 더 나은 삶을 위하여

하인들은 물로 된 포도주를 연회장에게 갖다 주었습니다.

물로 된 포도주를 맛본 연회장이 극찬을 합니다.

"사람마다 먼저 좋은 포도주를 내고

취한 후에 낮은 것을 내거늘

그대는 지금까지 좋은 포도주를 두었도다."(요 2:10)

처음보다 나중이 나아야 합니다.

그러기 위해서는 주님을 모시고 살아야 합니다.

주님께 구하되 말씀하시는 대로 순종하여야 합니다.

어려움 중에도 아구까지 채우는 지혜를 배워야 합니다.

어린이들이 부르던 복음 송을 기억합니다.

"예수님이 말씀하시니 물이 변하여 포도주 됐네 (X2)

예수님 (X2) 나에게도 말씀하셔서 새롭게 (X2) 변화시켜 주소서"

힘든 상황 중에도 주님을 모시고,

기도하며, 순종하며 살아야 하겠습니다.

"생각하건데 현재의 고난은

장차 우리에게 나타날 영광과 비교할 수 없도다."(롬 8:18)

부족함이 오히려 향기로 가득한 기회 되게 하소서!

1. 주님을 모십니다. 주인 되어 주소서!

1) 예수님이 바로 내 삶의 주인이심을 고백합니다.
2) 내 안에 좌정하사 나를 다스리시고 주관하여 주시고
3) 주님을 모신 가정가정마다 치유의 역사가 있게 하소서!

2. 말씀에 순종하는 교회와 가정이 되게 하소서!

1) 무슨 말씀을 하시든지 따르는 저희가 되게 하시고
2) 말씀과 기도와 감사하는 삶으로 큰 힘을 얻게 하시고
3) 새 포도주 향기가 온 세상에 가득하게 하소서!

3. 처음부터 끝까지 더 좋은 향기를 발하게 하소서!

1) 어두운 세상에 소금과 빛이 되는 믿음의 가정이 되게 하시고
2) 어려운 때일수록 향기를 발하는 교회들이 되게 하시고
3) 질병과 고통이 오히려 치유의 새로운 표적이 되게 하소서!

2과

두 번째 치유 현장

요한복음 4:46-54

46 예수께서 다시 갈릴리 가나에 이르시니 전에 물로 포도주를 만드신 곳이라 왕의 신하가 있어 그의 아들이 가버나움에서 병들었더니

47 그가 예수께서 유대로부터 갈릴리로 오셨다는 것을 듣고 가서 청하되 내려오셔서 내 아들의 병을 고쳐 주소서 하니 그가 거의 죽게 되었음이라

48 예수께서 이르시되 너희는 표적과 기사를 보지 못하면 도무지 믿지 아니하리라

49 신하가 이르되 주여 내 아이가 죽기 전에 내려오소서

50 예수께서 이르시되 가라 네 아들이 살아 있다 하시니 그 사람이 예수께서 하신 말씀을 믿고 가더니

51 내려가는 길에서 그 종들이 오다가 만나서 아이가 살아 있다 하거늘

52 그 낫기 시작한 때를 물은즉 어제 일곱 시에 열기가 떨어졌나이다 하는지라

53 그의 아버지가 예수께서 네 아들이 살아 있다 말씀하신 그때인 줄 알고 자기와 그 온 집안이 다 믿으니라

54 이것은 예수께서 유대에서 갈릴리로 오신 후에 행하신 두 번째 표적이니라

예수께서 다시 갈릴리 가나에 이르시니

예수님이 갈릴리의 가나에 다시 오셨습니다.
사마리아 여인으로 인해 사마리아인이 예수를 믿었고(요 4:39)
처음 물로 포도주를 만드셨던 그곳에 다시 오신 것입니다.
"예수께서 다시 갈릴리 가나에 이르시니
전에 물로 포도주를 만드신 곳이라."(요 4:46)

사마리아를 지나서 다시 갈릴리로 가셨으나
"선지자가 고향에서는 높임을 받지 못한다."(요 4:44)고 하시며
고향 나사렛은 그냥 통과한 것으로 보입니다.
물론 나사렛도 갈릴리 지방의 작은 마을입니다.
예루살렘에 다녀온 사람 중에는 영접한 이들도 있었습니다.

나사렛에서 가나까지는 6km 정도이지만
같은 갈릴리지방이나 가버나움에서 가나는 24km나 됩니다.
그런데 바로 그 가버나움에서 달려온 왕의 신하가 있었습니다.
왕의 신하가 병든 아들의 고침을 위하여
가버나움에서 가나까지 먼 길을 달려온 것입니다.

1. 말씀대로 믿는 왕의 신하였다.

먼 길을 달려왔다는 자체가 사실은 대단한 믿음입니다.
"너희는 표적과 기사를 보지 못하면 도무지 믿지 아니하리라."(요 4:48)
그 말씀을 듣고도 그는 확실하게 간청합니다.
"신하가 이르되 주여 내 아이가 죽기 전에 내려오소서."(요 4:49)
믿음이 없이는 기적이 일어나지 않습니다.

성경은 분명하게 기록하고 있습니다.
"예수께서 이르시되 가라 네 아들이 살아있다 하시니
그 사람이 예수께서 하신 말씀을 믿고 가더니"(요 4:50)
먼 길 달려와서 말씀 한 마디에 아무런 의심도 없이
그는 오던 길로 돌아가는 바로 그 믿음입니다.

2. 그 종들이 오다가 주인을 만나다.

24km 바깥에서 기적이 일어났습니다.
왕의 신하 집에서 죽을 줄 알았던 아들이 살아났습니다.
하인은 이 소식을 알리기 위하여 또다시 달려 나옵니다.
말씀대로 살아날 줄 알고 돌아가다가 길에서 종을 만났는데
"아이가 살아났다."는 놀라운 소식을 듣습니다.

그가 낫기 시작한 때를 물은즉 어제 일곱 시라고 합니다.
바로 그 시간이 말씀하신 바로 그때였습니다.
기도의 목적이 분명하니 응답도 분명합니다.
왕의 신하는 아들의 병 고침을 위하여 달려온 것처럼
기도 제목도 분명하지만 응답에 대한 믿음도 분명해야 합니다.

3. 자기와 그 온 집안이 다 믿으니라.

아들의 병 고침을 통하여 가정의 온 식구가 주를 믿었습니다.
감옥을 지키는 간수도 전도를 받고 믿음을 가지게 되자
그와 온 집안이 모두 예수를 믿었던 일도 있습니다(행 16:30-32).
이 당연한 일이 오늘날도 있어야 할 사건입니다.
치유는 지위나 신분이 아니라 주님께 나아오므로 말미암습니다.

주님은 병자들의 고통을 못 본 척 하시지 않으셨습니다.
중풍병자, 나병환자, 앉은뱅이, 앞 못 보는 맹인, 혈루증 여인,
부모의 기도, 주인의 간청, 네 사람의 믿음,
백부장이든 종이든 간청하는 자의 기도를 다 들어주셨습니다.
가족들의 구원을 바라는 기도를 못 들은 체하지 못하십니다.

두 번째 표적이라

요한은 "물로 포도주를 만드신"(46절) 적이 있는 이 표적과
오늘의 표적이 주님의 "두 번째 표적"(54절)이라고 소개합니다.
능력을 체험한 성도들에게는 중요한 사실을 환기시킵니다.
첫 번째가 있으면 두 번째가 있고, 세 번째도 있습니다.

더구나 가정에 병자가 있다는 사실은 우환입니다.
고통이 고통으로 끝나게 해서는 안 될 책임이 있습니다.
왕의 신하를 보십시오. 60리(대략 24km) 길을 달려왔습니다.
그리고 목적이 있는 분명한 기도를 드렸습니다.
그리고 말씀이 떨어지기가 무섭게 믿음으로 돌아갔습니다.

이 기적을 통하여 배워야 합니다.
그는 겸손하였으며, 표적을 봐야만 믿는다는 말씀을 듣고도
확실한 고백과 함께 응답하심을 믿고 돌아갔으며
놀라운 사실을 접하고도 지나면 그만인 사람이 아니라
신실하게 온 가족을 믿음의 가정으로 이끈 가장입니다.

지금이 기회입니다.
주의 말씀과 그분의 신실하심을 믿고 따르게 될 때
그 결과가 어떠한 지를 분명히 확인할 수 있습니다.

자녀의 문제로 힘들어하는 이들을 도와주소서!

1. 가나로 다시 오시어 놀라운 일을 보여주신 주님!

1) 왕의 신하처럼 자녀 문제로 기도하는 이들을 도와 주시고
2) 구하는 대로 주셔서, 드리고, 베풀며 누리는 저희가 되게 하소서!
3) 우환이 기회가 되게 하시고, 전화위복의 역사가 있게 하소서!

2. '은혜 위에 은혜'가 넘치게 하시는 하나님!

1) 믿음이 능력임을 믿사옵고 믿음 위에 믿음을 더하여 주소서!
2) 감사가 더 큰 감사로 응답하시오니 늘 감사로 살아가게 하시고
3) 주신 은혜로 인하여 더 큰 치유의 역사를 체험하게 하소서!

3. 가정과 가족, 교회 위에 임하시는 성령님!

1) 우리들의 책임을 통감합니다. 사명 다하는 저희들이 되게 하소서!
2) 무엇보다 가족 구성원이 모두 다 함께 새로워지게 하소서!
3) 하나 된 마음으로 어려운 교우들을 위하여 기도하게 하소서!

3과

네 자리를 들고 가라

요한복음 5:1-9 상

1 그 후에 유대인의 명절이 되어 예수께서 예루살렘에 올라가시니라
2 예루살렘에 있는 양문 곁에 히브리 말로 베데스다라 하는 못이 있는데 거기 행각 다섯이 있고
3 그 안에 많은 병자, 맹인, 다리 저는 사람, 혈기 마른 사람들이 누워 [물의 움직임을 기다리니
4 이는 천사가 가끔 못에 내려와 물을 움직이게 하는데 움직인 후에 먼저 들어가는 자는 어떤 병에 걸렸든지 낫게 됨이러라]
5 거기 서른여덟 해 된 병자가 있더라
6 예수께서 그 누운 것을 보시고 병이 벌써 오래된 줄 아시고 이르시되 네가 낫고자 하느냐
7 병자가 대답하되 주여 물이 움직일 때에 나를 못에 넣어 주는 사람이 없어 내가 가는 동안에 다른 사람이 먼저 내려가나이다
8 예수께서 이르시되 일어나 네 자리를 들고 걸어가라 하시니
9 그 사람이 곧 나아서 자리를 들고 걸어가니라

내 힘으로 할 수 없는 일들이 많습니다.

아람의 군대장관 나아만은 못할 일이 없는 신분이었습니다.
그러나 자신의 힘으로 나병을 고칠 수 없었습니다.
그래서 선지자 엘리야 앞에 무릎을 꿇었습니다(왕하 5:1-7).
자신의 노력이나 의원들의 힘으로도 안되는 병이 있습니다.
의원들을 부정하라는 말이 아니라 사실을 인정하라는 말입니다.

12년 동안이나 혈루병을 앓았던 여인이 있었습니다.
재산도 젊음도 다 허비한 후에 주님을 만났습니다.
그녀는 주의 뒤를 따르며 예수님의 옷깃에 손을 대었습니다.
혈루의 근원이 곧 마르고 병이 나았습니다(막 5:29).
질병은 그 자체만의 문제가 아님을 분명히 알아야 합니다.

구원의 문제도, 사업의 문제도 마찬가지입니다.
무엇보다도 자기 마음도 자기 뜻대로 못 다스립니다.
그래서 사도 바울도 절규한 적이 있습니다.
"오호라 나는 곤고한 사람이로다
이 사망의 몸에서 누가 나를 건져내랴."(롬 7:24)

1. 고통의 질병과 함께 38년이란 세월을 …

예루살렘의 양문 곁에 베데스다라는 못이 있었습니다.

가끔 천사들이 내려와 이 못이 움직인다고 하였고

그 후 먼저 들어가는 자는 어떤 병이든 낫는다고 하였습니다.

그래서 모여들었습니다. 수많은 병자들이 때를 기다리며 …

"거기 서른여덟 해 된 병자가 있더라."(요 5:5)

38년이란 세월을!

고질적인 질병 정도일까요?

분명히 고칠 수 없는 불치의 병입니다.

38년이라는 세월이 지났습니다.

그러함에도 연못만 바라보며 기다리고 있었습니다.

2. 찾아오신 주님! 병자에게 다가오신다.

움직일 수 없는 병자, 자기 마음대로 할 수 없는 환자!

주님이 먼저 보시고 다가오셨습니다. 찾아오신 주님입니다.

예수님은 이미 그 병이 오래 된 줄을 알고 계셨습니다.

"네가 낫고자 하느냐?"(요 5:6)

예수님은 그의 회복과 생명에 대한 갈망을 확인하셨습니다.

병자의 대답은 엉뚱하지만 주님은 그의 의지를 보셨습니다.

"주여 물이 움직일 때에 나를 못에 넣어주는 사람이 없어

 내가 가는 동안에 다른 사람이 먼저 내려가나이다."(요 5:7)

주님은 선언하십니다.

"일어나 네 자리를 들고 걸어가라."(요 5:8)

3. 그 사람이 곧 나아서 자리를 들고 걸어가니라.

"그 사람이 곧 나아서 자리를 들고 걸어가니라."(요 5:9)

일어나라고 할 때 일어나야 합니다.

자라를 들고 걸어가라고 하십니다.

누구나 할 수 있는 일이라고 한다면

구태여 믿음을 이야기할 이유가 없습니다.

38년 된 병자는

곧 나아서 자기 자리를 들고 걸어갔습니다.

믿음이 없이는 순종할 수 없습니다.

치유의 결과는 순종이었습니다.

말씀하시자 바로 자리를 들고 일어났습니다.

치유의 역사는 믿음으로 말미암습니다.

믿음은 들음에서 납니다.

들음은 하나님의 말씀으로 말미암습니다.

그러므로 들었다면 순종해야 합니다.

그리고 믿음을 고백해야 합니다.

아니 지금도 함께 고백하기를 원합니다.

순종

순종은 듣는 것이다.
순종은 따르는 것이다.
순종은 인내이며 기다림이다.

순종은 즉각적인 응답이다.
이웃과의 나눔이며 공유하는 것이다.
무엇보다 버림이며, 내 생각의 포기다.

순종의 결과는 은혜이다.
순종의 결과는 치유이다.
순종의 결과는 능력이다.

오랜 질병으로 고통받는 자들을 속히 고쳐주소서!

1. 말씀대로 믿고 구하는 저희가 되게 하소서

1) 몸 드리면 건강 주시고, 마음 드리면 평강 주심을 믿습니다.
2) 물질 드리면 넘치게 주시고, 찬송하면 기쁨 주심을 믿습니다.
3) 시간 드리면 영생을, 생명 드리면 면류관 주심을 믿습니다.

2. 38년 된 병자를 고쳐 주신 예수님!

1) 나라와 민족의 무질서와 혼돈이 오래 가지 않게 하시고
2) 고통 중에 있는 세계와 열방들을 치유하여 주시옵고
3) 특히 오랜 질병과 환난으로 고통받는 성도들을 고쳐 주소서!

3. 언제나 감사하므로 더 큰 감사로 가득 차게 하소서

1) 우리에게 기도할 나라와 민족을 주셔서 감사합니다.
2) 우리에게 선교할 수 있는 세계 열방이 있음을 감사합니다.
3) 오늘의 환난을 통하여 치유의 능력을 체험하게 하시니 감사합니다.

4과

이제 후로는 사람을 취하리라

누가복음 5:1–11

1 무리가 몰려와서 하나님의 말씀을 들을새 예수는 게네사렛 호숫가에 서서
2 호숫가에 배 두 척이 있는 것을 보시니 어부들은 배에서 나와서 그물을 씻는지라
3 예수께서 한 배에 오르시니 그 배는 시몬의 배라 육지에서 조금 떼기를 청하시고 앉으사 배에서 무리를 가르치시더니
4 말씀을 마치시고 시몬에게 이르시되 깊은 데로 가서 그물을 내려 고기를 잡으라
5 시몬이 대답하여 이르되 선생님 우리들이 밤이 새도록 수고하였으되 잡은 것이 없지마는 말씀에 의지하여 내가 그물을 내리리이다 하고
6 그렇게 하니 고기를 잡은 것이 심히 많아 그물이 찢어지는지라
7 이에 다른 배에 있는 동무들에게 손짓하여 와서 도와 달라 하니 그들이 와서 두 배에 채우매 잠기게 되었더라
8 시몬 베드로가 이를 보고 예수의 무릎 아래에 엎드려 이르되 주여 나를 떠나소서 나는 죄인이로소이다 하니
9 이는 자기 및 자기와 함께 있는 모든 사람이 고기 잡힌 것으로 말미암아 놀라고
10 세베대의 아들로서 시몬의 동업자인 야고보와 요한도 놀랐음이라 예수께서 시몬에게 이르시되 무서워하지 말라 이제 후로는 네가 사람을 취하리라 하시니
11 그들이 배들을 육지에 대고 모든 것을 버려 두고 예수를 따르니라

목적이 분명하다.

"하나님의 나라는 먹고 마시는 것이 아니요
 오직 성령 안에 있는 의와 평강과 희락이라."(롬 14:17)
그러함에도 불구하고 성경에는 먹는 것에 대한 기록이 많습니다.
'오병이어'의 기적이 그렇고, '유월절 음식'이 그렇습니다.
그러나 먹고, 입고, 누리는 일에도 목적이 있습니다.

주님의 만찬이 예수님의 피와 살을 기념하는 것처럼,
엠마오로 내려가던 제자들의 식탁이 영안을 열었던 것처럼
본문도 단순한 풍어의 기적을 강조하는 것이 아니었습니다.
물이 포도주로 변한 것이 제자들에게 믿음을 가지게 하였다면
호숫가의 이 기적은
제자들을 따르게 하기 위한 것이 아니었을까요?

밤새도록 수고하여도 잡은 것이 없었으나
말씀에 의지하여 깊은 데로 가서 그물을 내렸습니다.
잡은 것이 심히 많아 그물이 찢어지는 상황이 되었습니다.
그러나 결론은
"이제 후로는 네가 사람을 취하리라."(눅 5:10)는 말씀에 순종하여
모든 것을 버려두고 예수를 따랐다는 사실입니다(눅 5:11).

1. 시작은 분명히 먹고 마시는 것이었다.

개인적으로 변명할 수가 없는 간증이 있습니다.
처음 교회에 다니게 된 목적이
무엇을 먹고 마시며, 어디에서 잠을 잘까? 하는
걱정 때문이었습니다.
그러나 하나님은 먹고 마시는 것이 아닌 하나님 나라를 주셨습니다.
이것이 간증이고, 증거이며, 증인의 조건으로 삼아주셨습니다.

어부들에게는 물고기 잡는 일이 가장 우선적인 일입니다.
그래야 평생동안 먹고 살 수 있었기 때문입니다.
베드로와 야고보와 요한 … 이들도 전문적인 어부들이었습니다.
그러나 이들도 해결하지 못하는 문제가 있었습니다.
"깊은 데로 가서 그물을 내려 고기를 잡으라."(눅 5:4)

2. 시몬의 배에 오르신 예수님!

주님의 접근 방식이 계획적입니다.
"예수께서 한 배에 오르시니 그 배는 시몬의 배라
… 앉으사 배에서 무리를 가르치시더니"(눅 5:3)
어쩌면 이 일은 이미 예정된 일인지도 모릅니다.

우리도 예정된 이 일을 이루기까지 피하지 않았으면 좋겠습니다.

배가 고팠던 과거를 생각하면 감사할 수밖에 없는 것처럼
차라리 오늘의 고난과 고통이 있는 현실을 감사하면 더 좋습니다.
하나님은 무엇을 먹고 마실까를 염려하는 우리에게 다가오셔서
당면한 문제의 상황과는 전혀 다른 뜻밖의 명령을 내리십니다.
"그런즉 너희는 먼저 그의 나라와 그의 의를 구하라."(마 6:33)

3. 그물이 찢어지자 동무들에게 손짓하다.

"그렇게 하니 고기를 잡은 것이 심히 많아 그물이 찢어지는지라
이에 다른 배에 있는 동무들에게 손짓하여 와서 도와달라 하니
그들이 와서 두 배에 채우매 잠기게 되었더라."(눅 5:6-7)
고기가 심히 많아 그물이 찢어지고, 배가 잠겼으며,
이 놀라운 일을 적으므로 동무들에게까지 보여주게 됩니다.

그러나 베드로는 엎드렸습니다.
"주여 나를 떠나소서 나는 죄인이로소이다."(눅 5::8)
베드로만 놀랐습니까? 함께 있는 모든 사람이 다 놀랐습니다.
그러나 따랐던 사람으로 이름이 남아있는 사람은 네 사람입니다.
"베드로, 안드레, 야고보, 요한 …"

어떤 기적보다 중요하다. 주 앞에 엎드리는 것!

갈릴리 호수에서 잔뼈가 굵어진 어부로서
창피스럽기도 했을 것입니다.
그러나 그들은 '말씀에 의지하여' 그물을 내렸습니다.
그때까지 어쩌면 반신반의(半信半疑)하였을지도 모릅니다.
그런데 결과는 약간의 고기가 아니었습니다.
상상을 초월하는 놀라운 일이 일어났습니다.

자신의 경험이나 이지적인 판단이 혹시 부족하였다 하더라도
얕은 곳에 몰리던 고기들이 낮임에도 불구하고 깊은 곳에서 잡혔으니
젊은이들이 쓰는 말로 '대박'이라는 표현으로도 부족합니다.
중요한 것은 주님은 지금도 여전히 같은 일들을 행하십니다.
문제는 엎드리려고 하지 않는 이 시대의 사람들입니다.

비극적인 상황이 지금 우리 앞에서도 펼쳐지고 있습니다.
흉어(凶漁)의 상황에서 만선(滿船)으로 전환되는 현실을 보고
자신이 죄인임을 고백하는 오늘날의 베드로가 되어야 합니다.
우리는 지금 이적 행전, 표적 행전, Miracle Acts를 확인 중입니다.
여전히 주님은 지금도 내 곁에서 말씀하고 계시기 때문입니다.

수고의 열매가 없어 낙심하는 자들을 위하여 기도합니다.

1. 오늘의 현실이 왜 어렵고 힘든지 깨닫게 하소서!

1) 실패와 고통의 현장에서 말씀하시는 주의 음성을 듣게 하소서!
2) 시간 시간 주시는 주의 말씀을 바로 알고 깨닫게 하여 주소서!
3) 이 환난의 의미를 알고 말씀대로 순종하는 저희들이 되게 하소서!

2. 주의 나라를 위하여 당면한 문제를 해결하여 주소서!

1) 질병과 삶의 고통을 해결하여 주심으로 주를 알게 하시고
2) 가정과 자녀들의 문제 해결로 주님 앞에 엎드리게 하시고
3) 기적적인 변화의 역사를 통해 이 땅에 천국을 이루게 하소서!

3. 새 사람, 새 포도주, 새 부대의 역사를 기대합니다.

1) 경건한 삶을 통하여 개인 생활, 가정생활이 달라지게 하시고
2) 그리스도의 향기를 발하는 새 부대로서의 교회로 변화되게 하시고
3) 공적복음을 통한 한국 교회의 새로운 역사를 이루어 가게 하소서!

5과

보리떡 다섯 개와 물고기 두 마리

요한복음 6:5–15

5 예수께서 눈을 들어 큰 무리가 자기에게로 오는 것을 보시고 빌립에게 이르시되 우리가 어디서 떡을 사서 이 사람들을 먹이겠느냐 하시니
6 이렇게 말씀하심은 친히 어떻게 하실지를 아시고 빌립을 시험하고자 하심이라
7 빌립이 대답하되 각 사람으로 조금씩 받게 할지라도 이백 데나리온의 떡이 부족하리이다
8 제자 중 하나 곧 시몬 베드로의 형제 안드레가 예수께 여짜오되
9 여기 한 아이가 있어 보리떡 다섯 개와 물고기 두 마리를 가지고 있나이다 그러나 그것이 이 많은 사람에게 얼마나 되겠사옵나이까
10 예수께서 이르시되 이 사람들로 앉게 하라 하시니 그곳에 잔디가 많은지라 사람들이 앉으니 수가 오천 명쯤 되더라
11 예수께서 떡을 가져 축사하신 후에 앉아 있는 자들에게 나눠 주시고 물고기도 그렇게 그들의 원대로 주시니라
12 그들이 배부른 후에 예수께서 제자들에게 이르시되 남은 조각을 거두고 버리는 것이 없게 하라 하시므로
13 이에 거두니 보리떡 다섯 개로 먹고 남은 조각이 열두 바구니에 찼더라
14 그 사람들이 예수께서 행하신 이 표적을 보고 말하되 이는 참으로 세상에 오실 그 선지자라 하더라
15 그러므로 예수께서 그들이 와서 자기를 억지로 붙들어 임금으로 삼으려는 줄 아시고 다시 혼자 산으로 떠나 가시니라

어린아이의 점심 도시락

큰 무리들이 몰려왔습니다.
누가복음에는 **"날이 저물어 가매"**(눅 9:12)라고 썼습니다.
배고플 시간이라는 뜻입니다.
주님의 명령은 단호합니다.
"너희가 먹을 것을 주라."(눅 9:13)

보리떡 다섯 개와 물고기 두 마리!
안드레는 이것이 한 아이의 것임을 밝힙니다(요 6:9).
아이에게 있던 것을 전부 바쳤다기보다는
무리들이 가진 것의 전부를 드렸다는 게 옳은 말일 것입니다.
평범한 도시락 정도지만 주 앞에 드려지자 놀라운 일이 일어납니다.

마태도, 마가도, 그리고 누가와 요한까지 모두
자신들의 복음서에 다 기록이 되어 있는 유일한 기적입니다.
오병이어의 놀라운 기적은 분명히 특별한 사건입니다.
그러나 주 안에서는 보편적인 사건임이 분명합니다.
예수 그리스도 안에서라면 언제나, 어디서나 가능한 일입니다.

1. 큰 무리를 보시고 불쌍히 여기사

이 일을 행하신 이유가 분명합니다.

"큰 무리를 보시고 불쌍히 여기사"(마 14:14)

"때가 저물어 가매"(막 6:35), "날이 저물어 가매"(눅 9:12)

"친히 어떻게 하실지를 아시고 빌립을 시험하고자 하심이라."(요 6:6)

때가 되었는데 … 그래서 무리들을 보시고 불쌍하게 여기셨습니다.

우리를 긍휼히 여기시는 마음과 함께

때가 되었다는 주님의 배려하심도 중요하지만

그러나 주님은 이미 계획하고 계셨습니다.

빌립이 무어라 대답할 것인지를 미리 아시고

친히 질문하셨습니다.

2. 행하신 표적으로 확실히 하셨다.

떡과 고기를 보시자 축사하신 후 앉은 모두에게 나누게 하셨습니다.

그들이 원하는 대로 다 주게 하셨습니다(요 6:11).

놀라운 것은 이 일이 지금도 계속되고 있다는 것입니다.

여전히 모든 것을 주관하시는 하나님이시며

베푸시며 능력을 주시는 분도 우리 주님이시기 때문이다.

사람들이 예수께서 행하신 표적을 보고 말하기를
"이는 참으로 세상에 오실 그 선지자라 하더라."(요 6:14)
긍휼히 여기사 축사하셨으며,
친히 명령하시며 나누게 하셨으니
정녕 믿고 순종해야 할 분이 누구이신지를 분명히 해야 합니다.

3. 남은 것만 해도 열두 광주리!

"그들이 배부른 후에 예수께서 제자들에게 이르시되
남은 조각을 거두고 버리는 것이 없게 하라."(요 6:12)
먹고 배부른 것도 심히 놀랄 일이지만
남은 것이 열두 바구니에 찼다는 것이 더욱 신기합니다.
일반적인 기도 응답 정도로 족한 줄로 여기지 맙시다.

믿음과 확신으로 인한 결과에 따르는 부스러기를 주워야 합니다.
주인의 상에서 떨어지는 부스러기에 대한 고백(마 15:27)으로,
하나님의 말씀 한 마디라도 놓치지 않으려는 마음으로,
자투리 시간을 기도와 찬송과 말씀 묵상의 기회로 삼았을 때
그것을 모두 거두고 보니 '열두 광주리 인생'임을
잊지 않아야 합니다.

기적이 중요하다. 그러나 더 중요한 것은 그 이후이다.

사랑이 충만하신 주님을 알고
채워주시려는 그의 뜻을 깨달아야 합니다.
예수님도 미리 아시고 질문하셨다고 하였습니다.
그리고 부족한 그것을 위하여 준비하게 하십니다.

그 내용은 거창한 것이 아니었습니다.
있는 그대로 주님 앞에 내어놓으면 됩니다.
어린아이가 가졌던 보리떡 다섯 개, 물고기 두 마리!
내 모습, 있는 그대로, 준비된 마음으로 주께 드립시다.
필요에 따라 채워주시는 하나님이십니다.

믿게 하시고, 따르게 하시고, 무리들까지 고백하게 하십니다.
주님의 동정심을 배우게 하시고,
누리는 것 이상으로 남은 복도 주십니다.

광야 백성들에게는 만나를 주셨고(출 16:15)
그릿 시냇가 엘리야는 떡과 고기로(왕상 17:6),
엘리사의 제자 아내에게는기름을 채우시더니(왕하 4:1-7)
죄인 된 우리에게는 그의 피와 살로 베푸십니다(고전 11:23-26).
버리지 맙시다. 열두 바구니에 채우고 베푸는 삶을 살아야 합니다.

굶주림으로 갈급해 하는 심령들을 긍휼히 여겨 주소서!

1. 광야와 같은 세상에서 배고파하는 무리를 불쌍히 여기소서!

1) 굶주림이 있는 나라들이 있습니다. 저들을 도와주시고
2) 이 나라의 백성들은 영적으로 갈급하오니 채워주시고
3) 성도들과 교회들도 힘들어하는 일들이 있습니다. 자비를 베푸소서!

2. 행하신 표적이 많사오니 주의 주 되심을 깨닫게 하소서!

1) 필요에 따라 채워 주시오니 감사와 찬송으로 영광 돌리게 하시고
2) 이제는 모든 민족과 백성들이 예수는 그리스도임을 알게 하시고
3) 불신자들도, 작정된 태신자들도 교회 앞으로 다 나아오게 하소서!

3. 기도에 응답하시고, 남은 것으로도 채워주심을 믿습니다.

1) 믿음과 소망과 감사와 사랑으로 충만하게 채워주시고
2) 풍요로움이 넘치는 가정과 건강한 교회로 세상의 빛이 되게 하시고
3) 남은 것으로도 충만한 우리의 직장과 일터가 되게 하여 주소서!

6과

예수께서 몸을 굽히시고

요한복음 8:1-11

1 예수는 감람 산으로 가시니라

2 아침에 다시 성전으로 들어오시니 백성이 다 나아오는지라 앉으사 그들을 가르치시더니

3 서기관들과 바리새인들이 음행중에 잡힌 여자를 끌고 와서 가운데 세우고

4 예수께 말하되 선생이여 이 여자가 간음하다가 현장에서 잡혔나이다

5 모세는 율법에 이러한 여자를 돌로 치라 명하였거니와 선생은 어떻게 말하겠나이까

6 그들이 이렇게 말함은 고발할 조건을 얻고자 하여 예수를 시험함이러라 예수께서 몸을 굽히사 손가락으로 땅에 쓰시니

7 그들이 묻기를 마지 아니하는지라 이에 일어나 이르시되 너희 중에 죄 없는 자가 먼저 돌로 치라 하시고

8 다시 몸을 굽혀 손가락으로 땅에 쓰시니

9 그들이 이 말씀을 듣고 양심에 가책을 느껴 어른으로 시작하여 젊은이까지 하나씩 하나씩 나가고 오직 예수와 그 가운데 섰는 여자만 남았더라

10 예수께서 일어나사 여자 외에 아무도 없는 것을 보시고 이르시되 여자여 너를 고발하던 그들이 어디 있느냐 너를 정죄한 자가 없느냐

11 대답하되 주여 없나이다 예수께서 이르시되 나도 너를 정죄하지 아니하노니 가서 다시는 죄를 범하지 말라 하시니라

이보다 더 큰 기적은 없다.

주께서 몸을 굽히셨습니다.
그리고 땅 바닥에 글을 쓰셨습니다.
무엇이라고 쓰셨을까요?
알 수도, 알 수 있는 방법도 없습니다.
그냥 쓰셨습니다.

그리고 말씀하십니다.
"너희 중에 죄 없는 자가 먼저 돌로 치라."(요 8:7)
그리고 다시 몸을 굽히시고 손가락으로 글을 쓰십니다.
"나도 너를 정죄하지 아니하노니
가서 다시는 죄를 범하지 말라."(요 8:11)

알 수가 없습니다. 무엇이라고 쓰셨는지!
하늘 영광을 버리고 오신 분이십니다.
허리를 굽히신 분이십니다.
미루어 짐작해 봅니다.
"아버지! 이 여인의 죄도 제가 담당하겠습니다."

1. 간음하다 현장에서 잡힌 여자

서기관들과 바리새인에게 음행 중에 잡혔습니다.
그것도 현장에서 잡힌 여인입니다.
율법대로 돌에 맞아 죽을 수밖에 없는 여인입니다.
그런데 그녀가 살아났습니다.
기적 중에 기적입니다.

예수님을 따라다니며 책잡으려는 바리새인들!
예수님과 관련이 없는 간음하던 여인을 붙잡아
하필이면 예수님을 시험하려고 하는 이 무리들!
그러나 주님은 이들의 행위를 보시지 아니하시고
여인의 마음이 되기 위하여 허리를 굽히신 것입니다.

2. 누구일까? 이 여인은!

성경에는 여인의 이름에 대한 기록은 없습니다.
그런데 전통적으로 이 여인을 '마리아'라 불렀습니다.
일곱 귀신 들렸다가 나왔던,
그래서 재물로 섬겼던 막달라 마리아는 아닐 것이고
작은 야고보와 요셉의 어머니(막 15:40)도 아닐 것입니다.

요한과 야고보의 어머니의 이름은 살로메니까
추측컨대 이 여인은 베다니 마을의 마리아가 아닐까요?
오빠는 병들었고, 마르다 언니는 생활력이 부족하고
소녀 가장 마리아라는 이름조차 밝힐 수가 없었지만
처음 주를 만난 현장이 바로 이 자리가 아니었을까요?

3. 율법의 거울에 비친 나의 모습을 보면 …

"검정이 숯을 보고 나무라자 연탄이 웃었답니다."
모여든 무리들의 손에 돌이 들려져 있었고
서기관들과 바리새인들은 예수님을 닦달합니다.
더구나 쓰러져 있는 여인은 현장에서 잡혀온 여인입니다.
죄 없는 자가 누구인가? 주께서 물으셨습니다.

우리들도 거울을 보고 화장을 고치고 옷매무새를 확인합니다.
마음의 거울을 다시 한번 들여다봅시다!
누가 누구를 정죄할 수 있을까요?
양심을 화인 맞으면 거울도 보지 않으려 합니다.
여인의 모습이 거울에 비친 또 다른 나의 모습이 아닐런지요?

보이는 것만이 기적이 아니다.
중요한 것은 현실이다.

율법대로 살아갈 수 없는 현실을 부정하지 맙시다.
주님도 이 사실을 인정하셨습니다.
그래서 십자가를 지셨고
그를 믿는 믿음으로 우리를 의롭다고 인정하셨으며
하나님의 자녀가 되는 특권까지도 주셨습니다.

부끄러운 일들이,
고개를 들 수 없는 사건들이
지금도 우리를 힘들게 합니다.
때로 수치심은 죽음보다 더 두렵고 무섭습니다.
그러나 막다른 골목에서 주님을 만나고, 구원을 받고…

반복되는 삶이지만 그때마다 주님은 건져주십니다.
우리를 구원하시고 말씀하십니다.
이 말씀만은 잊지 말고 기억하는 우리가 되어야 합니다.
"나도 너를 정죄하지 아니하노니
가서 다시는 죄를 범하지 말라."(요 8:11)

부끄러운 과거로 인하여 고통받는 자들을 위하여 기도합니다.

1. 몸을 굽히신 우리 주님 앞에 저희도 엎드려 기도합니다.

1) 코로나 위기도, 전쟁의 위협도 저희들의 죄임을 고백합니다.
2) 고개를 들 수 없는 수치스러운 죄를 회개하오니 용서하여 주시고
3) 이로 인한 위기에서 구원하시되 정죄하려는 자들의 손에서 구원하소서!

2. 다시는 죄를 범하지 말라고 하신 주님 앞에 구합니다.

1) 저희도 돌을 들고 남을 정죄하고 심판하려 한 것을 용서하시고
2) 타인을 정죄하기보다 우리 자신을 살피는 저희가 되게 하소서!
3) 십자가 지신 주님을 닮아 넓은 가슴으로 세상을 대하게 하소서!

3. 기적은 현실이므로 오히려 구하고 찾으며 두드립니다.

1) 우리 주 나사렛 예수의 이름으로 모든 질병을 고쳐주시고
2) 죽음 앞에 있는 여인을 구하신 주님! 환난을 당한 가정들을 구원하시고
3) 세상의 비난에서 교회를 보호하고 새로운 힘과 능력을 채워주소서!

7과

바다 위로 걸어오시다

마태복음 14:22-33

22 예수께서 즉시 제자들을 재촉하사 자기가 무리를 보내는 동안에 배를 타고 앞서 건너편으로 가게 하시고
23 무리를 보내신 후에 기도하러 따로 산에 올라가시니라 저물매 거기 혼자 계시더니
24 배가 이미 육지에서 수 리나 떠나서 바람이 거스르므로 물결로 말미암아 고난을 당하더라
25 밤 사경에 예수께서 바다 위로 걸어서 제자들에게 오시니
26 제자들이 그가 바다 위로 걸어오심을 보고 놀라 유령이라 하며 무서워하여 소리 지르거늘
27 예수께서 즉시 이르시되 안심하라 나니 두려워하지 말라
28 베드로가 대답하여 이르되 주여 만일 주님이시거든 나를 명하사 물 위로 오라 하소서 하니
29 오라 하시니 베드로가 배에서 내려 물 위로 걸어서 예수께로 가되
30 바람을 보고 무서워 빠져 가는지라 소리 질러 이르되 주여 나를 구원하소서 하니
31 예수께서 즉시 손을 내밀어 그를 붙잡으시며 이르시되 믿음이 작은 자여 왜 의심하였느냐 하시고
32 배에 함께 오르매 바람이 그치는지라
33 배에 있는 사람들이 예수께 절하며 이르되 진실로 하나님의 아들이로소이다 하더라

바다 위에 일어난 풍랑

있을 수 있는 일입니다.
늘 잔잔한 바다일 수가 없습니다.
태풍이 일고, 폭풍이 일어나야 합니다.
바다가 정화되고
새 생명의 역사가 일어나는 기회이기 때문입니다.

바다의 적조 현상으로 황토를 가져다 붓기도 하고
죽어가는 양식장을 살리겠노라고 몸부림치다가도
반갑지 않은 태풍 소식을 듣고도 오히려 안도하는 것은
이제 적조 문제는 저절로 해결되기 때문이라고 합니다.
우리 인생에도 세상사에도 이런 일이 있음을 알아야 합니다.

코로나19 팬데믹은 없었으면 더 좋았을 것이지만
그래도 기대하는 바는 변화요, 개혁이며, 새 물결입니다.
아이들이 홍역을 치르고 나면 부쩍부쩍 자라지 않는가?
태풍이 바로 인간사에 밀어닥치는 환난이라고 한다면
극복할 길이 있음을 보여주는 말씀이 오늘의 본문입니다.

1. 순종하며 떠난 뱃길, 멀지 않습니다.

너무나 큰 호수임에도 우리는 갈릴리 바다라고 부릅니다.
그러나 때로는 게네사렛 호수라고 부른 이유가 있습니다.
동서로 12km, 남북으로 20km, 어마어마하나 분명 호수입니다.
풍랑이라 하더라도 큰 너울 정도로 여기면 낭패를 당합니다.
폭풍이기에, 태풍인 연고로 생명을 잃을 수도 있기 때문입니다.

제자들은 주님의 명령에 순종하여 이 호수를 건너고 있습니다.
더구나 바다에 익숙한 사람들, 곧 유능한 사공들입니다.
두세 시간이면 능히 건너편에 도달할 수 있는 거리인데
아뿔싸! 이들이 풍랑을 만나 파선 직전에 이르게 되고 말았습니다.
사람의 힘으로는 죽음을 면하기 어려운 지경을 맞았습니다.

2. 그때 다가오는 시커먼 그림자!

있는 힘을 다하던 제자들이 다가오는 그림자를 보았습니다.
무서운 공포에 쌓인 제자들은 유령인가 하여 소리칩니다.
"안심하라 나니 두려워하지 말라!"(마 14:27)
긴급한 상황! 혼자 기도하러 산에 올라가셨던 예수님!
너무나 다급하여 바다 위로 걸어 오셨습니다.

성질 급한 베드로가 소리를 칩니다.

"주여 만일 주님이시거든 나를 명하사 물위로 오라하소서!"(마 14:28)

베드로가 물위로 걸어서 갑니다.

그런데 그 눈길이 세상을 봅니다. 바람을 보고 무서워합니다.

"소리 질러 이르되 주여 나를 구원하소서."(마 14:30)

3. 배에 함께 오르매 바람이 그치는지라.

해결되었습니다. 바람이 그쳤기 때문입니다.

배에 있는 사람들이 예수님께 엎드렸습니다,

"진실로 하나님의 아들이로소이다."(마 14:33)

하늘과 땅을 지으시고 우주만물을 다스리시는 하나님!

그 아들 예수님을 향한 당연한 고백입니다.

그분이 함께 있으면,

그분을 내 인생의 주인으로 모시면,

그분에게 나의 소원을 아뢰며 기도하고 구하면

그분은 나에게 다가오셔서 우리와 동행하십니다.

인생의 파도, 삶의 풍랑, 해결할 수 없는 문제가 없습니다.

성도들의 삶을 지켜보시는 주님!

그래서 주님은 바다 위로 달려오셨습니다.
기도하러 산으로 올라가신 주님이 바다 위로 말입니다.
하나님의 관심은 언제나 우리들에게 집중되어 있으십니다.
우리는 잊고 있을지라도 하나님은 잊지 않으십니다.
분명히 이들은 주님의 말씀에 순종하는 자들이었습니다.

그럼에도 불구하고 풍랑이 있었고 어려운 일이 있었습니다.
구하지 않았으나 달려오신 주님을 깨달아야 합니다.
그러므로 우리들도 눈길의 방향을 바로 잡아야 합니다.
세상 파고나 환난이 아니라 주님을 바라보아야 합니다.
베드로가 주님을 바라보며 바다 위로 걸었던 것처럼.

인생 항로에 어찌 두려운 일들이 없을까요?
그래서 교부 어거스틴은 이 일을 두고 이렇게 설교했습니다.
"예수님은 파도를 밟고 우리에게 오셨다.
인생의 모든 문제를 그의 발로 밟아버리셨다.
아! 그리스도인들이여! 무엇이 두려운가?"

난데없는 풍랑으로
고통받는 이들을 위하여 기도합니다.

1. 모든 우주 만물을 다스리시는 아버지 하나님!

1) 우리들의 인생 항로에는 풍랑이 있음을 깨닫습니다.
2) 모든 환난과 고통을 은혜의 기회로 알고 기도하게 하시고
3) 오늘의 위기가 전화위복의 큰 복을 받는 기회이게 하소서!

2. 언제나 저희들을 기억하시고 기도하시는 주님!

1) 저희들도 세상의 환난을 바라보기보다 주님만 바라보게 하시고
2) 고난을 딛고 일어서는 용기와 힘을 가지는 저희들이 되게 하시고
3) 주님의 뜻을 믿고 순종하므로 주님의 영광을 드러내게 하소서!

3. 오늘도 기적적인 사건을 이루게 하시는 성령님!

1) 힘들어하는 성도들 가정마다 방문하셔서 위로하여 주시고
2) 연로하신 성도님들과 환우들을 속히 치유하여 주시며
3) 혼란 중에 이 나라와 백성들의 길을 바르게 인도하여 주소서!

8과

풍랑을 잔잔하게 하신 예수님

누가복음 8:22-25

22 하루는 제자들과 함께 배에 오르사 그들에게 이르시되 호수 저편으로 건너가자 하시매 이에 떠나

23 행선할 때에 예수께서 잠이 드셨더니 마침 광풍이 호수로 내리치매 배에 물이 가득하게 되어 위태한지라

24 제자들이 나아와 깨워 이르되 주여 주여 우리가 죽겠나이다 한대 예수께서 잠을 깨사 바람과 물결을 꾸짖으시니 이에 그쳐 잔잔하여지더라

25 제자들에게 이르시되 너희 믿음이 어디 있느냐 하시니 그들이 두려워하고 놀랍게 여겨 서로 말하되 그가 누구이기에 바람과 물을 명하매 순종하는가 하더라

필연적인 풍랑

생명의 역사입니다.
늘 잔잔할 수 없는 바다입니다.
생명이 있으니
삶의 파고는 어쩔 수가 없습니다.
잔잔한 바다는 유능한 사공을 만들지 못합니다.

제자들이 예수님과 배에 올랐습니다.
호수 저편으로 건너가기 위해서입니다.
행선 중에 주님은 잠이 드셨습니다.
그런데 광풍이 불어치기 시작합니다.
배에 물이 차고 위태해졌습니다.

주님은 배의 고물에서 베개를 베고(막 4:38) 주무십니다.
"선생님이여 우리가 죽게 된 것을 돌보지 아니하시나이까?"
누가(눅 8:24)보다는 마가의 기록(막 4:38)이 더 강합니다.
주께서 일어나 명령하십니다.
"잠잠하라. 고요하라!"(막 4:39) 바다와 파도를 꾸짖습니다.

1. 우리의 인생에도 풍랑이 있습니다.

살아 있어서 그렇습니다.
병원에서도 우리의 호흡과 맥박의 높낮이를 체크합니다.
이것이 없어지면 흰 천으로 얼굴을 덮어버립니다.
어느 정도인가가 문제입니다.
생명의 흐름을 무시하지 않아야 합니다.

신앙에도 굴곡이 있습니다.
극복하는 믿음이 중요합니다.
나라의 일에도 그렇습니다.
그러나 감당할 수 없는 파고가 문제입니다.
우리의 힘으로 해결할 길이 없을 때를 말합니다.

2. 그래서 주님을 모셔야 합니다.

배 안에는 예수님이 타고 계셨습니다.
주무시든 깨어계시든 계셔야 합니다.
이들만의 힘으로는 이길 수 없는 풍랑이었습니다.
바다 위로 걸어오신 주님을 보았습니다만
주님 없이는 해결할 수 없는 문제가 있기 때문입니다.

재주가 많으면 그 재주 때문에 죽는다던데요.
노 젓는 뱃사공은 물에 빠져 죽고,
전쟁하는 영웅은 싸움터에서 죽는다고 합니다,
과신은 금물입니다.
겸손하게 주님 앞에 무릎 꿇는 성도들이 됩시다.

3. 모시고 살아도 깨우셔야 합니다.

모르셨을까요?
제자들이 지금 아우성치는데 …
주님은 지금도 기다리십니다.
"주여, 주여 우리가 죽겠나이다."
엄마 독수리의 날개 소리를 들어보시기 바랍니다.

예수님은 기도하러 산에 가시고
제자들만 바다에서 몸부림치던 그때의 시각?
마태는 분명히 밝힙니다.
"밤 사경에 예수께서 바다 위로 걸어서 제자들에게 오시니"(마 14:25)
들리시나요? 우리를 향하여 달려오시는 주님!

"너희의 믿음이 어디에 있느냐?"

언제나 나보다 다급해하시는 주님이십니다.

아브라함의 칼이 이삭을 향하여 내리치려는 순간,

하나님은 다급하게 소리치십니다.

"아브라함아 아브라함아 하시는지라."(창 22:11 상)

아브라함이 이르되 **"내가 여기있나이다."**(창 22:11 하)

우리는 주님의 음성을 듣습니다.

"그 아이에게 손을 대지 말라

그에게 아무 일도 하지 말라."(창 22:12)

하나님은 지금도 말씀하십니다.

"세계 어느 나라도 대한민국에는 손을 대지 말라!"

풍랑을 다스리시는 주님의 음성을 듣고 싶습니다.

우리는 주님을 모시고 삽니다.

지금도 간절히 기도합니다.

이제는 이 한 가지를 묻고 계십니다.

"너희의 믿음이 어디 있느냐? 너희의 믿음이 어디에 있느냐?"

이해할 수 없는 고통으로 어려움을 겪는 이들을 도와주소서!

1. 주여, 우리의 믿음이 여기 있습니다.

1) 하나님을 아버지라 부르고 있습니다.
2) 예수님만이 나의 주시며 그리스도이심을 고백합니다.
3) 성령님을 내 안에 모시고 사는 성도들임을 고백합니다.

2. 이 시대의 풍랑을 거두어 주시옵소서!

1) 전염병 코로나로 초토화된 이 땅을 꾸짖어 주옵소서!
2) 전쟁과 기근으로 고통받는 이 땅을 구원하여 주옵소서!
3) 정쟁과 다툼으로 혼란한 나라의 질서를 회복시켜 주소서!

3. 새 생명의 역사를 허락하여 주시옵소서!

1) 우리 자신부터 말씀의 새 포도주가 되게 하옵소서!
2) 우리 교회부터 새 포도주를 품는 새 부대가 되게 하시고
3) 우리 가정에, 이웃에 새 포도주의 향기로 가득하게 하소서!

9과

더러운 귀신을 내쫓으시다

마가복음 1:21-28

21 그들이 가버나움에 들어가니라 예수께서 곧 안식일에 회당에 들어가 가르치시매

22 뭇 사람이 그의 교훈에 놀라니 이는 그가 가르치시는 것이 권위 있는 자와 같고 서기관들과 같지 아니함일러라

23 마침 그들의 회당에 더러운 귀신 들린 사람이 있어 소리 질러 이르되

24 나사렛 예수여 우리가 당신과 무슨 상관이 있나이까 우리를 멸하러 왔나이까 나는 당신이 누구인 줄 아노니 하나님의 거룩한 자니이다

25 예수께서 꾸짖어 이르시되 잠잠하고 그 사람에게서 나오라 하시니

26 더러운 귀신이 그 사람에게 경련을 일으키고 큰 소리를 지르며 나오는지라

27 다 놀라 서로 물어 이르되 이는 어찜이냐 권위 있는 새 교훈이로다 더러운 귀신들에게 명한즉 순종하는도다 하더라

28 예수의 소문이 곧 온 갈릴리 사방에 퍼지더라

예수님의 권위

안식일에 주님이 회당에 들어가 가르치셨습니다.
뭇사람들이 그의 교훈에 놀랐습니다.
그 가르치는 것이 너무나 달랐기 때문입니다.
권위가 있었습니다.
서기관들과 같지 않았습니다.

이를 알아보는 또 다른 무리가 있었습니다.
귀신 들린 사람이 소리칩니다.
"나사렛 예수여 우리가 당신과 무슨 상관이 있나이까?
우리를 멸하러 왔나이까?
나는 당신이 누구인 줄 아나니
하나님의 거룩한 자니이다."(막 1:23-24)

더러운 귀신들을 멸하러 오신 분임을 알고
예수님이 하나님의 거룩한 자이심을 알아보는 귀신을 향하여
예수님께서 꾸짖으시고 명령하십니다.
"잠잠하고 그 사람에게서 나오라."(막 1:25)
더러운 귀신이 경련을 일으키고 큰 소리를 지르며 쫓겨납니다.

1. 더러운 귀신의 정체

본래 귀신은 사탄의 하수인입니다.

타락한 천사장 루시퍼(사탄)의 졸개들입니다.

마귀는 ① 큰 권세를 가지고 있습니다.

그 능력으로 사람들을 ② 유혹합니다.

죄가 없어도 끝까지 ③ 참소하는 자들입니다.

요셉을 유혹하는 보디발의 아내가 상징적 인물입니다.

한국의 전래 소설 춘향전의 변 사또를 닮았습니다.

디아볼로스, 바알세불, 벨리알, 루시퍼, 아바돈, 리워야단 …

악한 자, 원수, 용, 뱀, 공중권세 잡은 자, 거짓말쟁이,

대적 마귀, 시험하는 자 등 다양한 이름을 가지고 있습니다.

2. 악한 영(귀신)들의 지위와 활동

마귀라 불리는 사탄은 대개 단수로 번역되지만

귀신들은 거의 복수개념으로 신약에도 63회나 등장합니다.

다이모니온(Daimonion)이라는 자체가 그 성격을 말해줍니다.

더러운 영, 악한 영, 벙어리 영, 귀먹고 말 못하는 영, 점치는 영,

때로는 뱀, 큰 용, 유혹하고 타락하게 하는 영들임을 보여줍니다.

이들의 대장인 바알세불(사탄)은 세상의 임금(요 12:31)으로
공중의 권세를 잡고 불순종의 아들 위에(엡 2:2) 군림하려 합니다.
자신이 감히 경배를 받으려고 시험까지 하려는(마 4:9) 자입니다.
온 땅을 두루 다니며(욥 1:7, 2:2) 죄와 타락, 온갖 질병과 거짓,
고통과 시련뿐만 아니고 심지어 선교활동까지 방해합니다.

3. 사탄의 한계와 종말

사탄은 초인적인 능력을 가진 영적인 존재입니다.
그러나 전지전능하지도 않고 무소부재하지도 않습니다.
하나님이 허락하신 한계 안에서만 자유롭습니다.
제한된 권세도 이제 끝날 때가 되었습니다.
그래서 종말의 날이 가까워오자 발악을 하고 있습니다.

교활함을 통하여 성도들의 약점을 폭로하고 참소하지만
예수님의 성육신과 십자가와 부활하심으로 인하여
이미(Already) 그의 권세(머리)는 치명적인 손상을 입었습니다.
"나사렛 예수 그리스도의 이름" 앞에 이빨 빠진 호랑이입니다.

성령님을 모시는 사는 그리스도인의 능력

"내가 너희에게 뱀과 전갈을 밟으며 원수의 모든 능력을 제어할
권세를 주었으니 너희를 해칠 자가 결코 없으리라."(눅 10:19)
"하나님께로부터 난 자는 다 범죄하지 아니하는 줄을
우리가 아노라 하나님께로부터 나신 자가 그를 지키시매
악한 자가 그를 만지지도 못하느니라."(요일 5:18)

예수만이, 우리 주 예수 그리스도 안에 있는 자만이
승리의 개가를 부를 수 있기에 우리는 이 소식을 전합니다.
사실 사탄의 능력은 과대평가를 해서도 안되지만
절대로 과소평가를 하는 일이 있어서도 안 됩니다.
성령님을 모시고 사는 성전이어야 함을 잊지 맙시다.

말씀과 기도, 찬송은
하나님의 자녀의 표지이자 무기입니다.
그래서 창세기에서 계시록까지 하나님과 동행을 강조합니다.
우리는 완전한 하나님 나라의 도래를 기다리고 있습니다.

"평강의 하나님께서 속히 사탄을 너희 발 아래에서 상하게 하시리라
우리 주 예수의 은혜가 너희에게 있을지어다."(롬 16:20)

영적 전투에서 승리하는 믿음의 성도들이 되게 하소서!

1. 보이지 않는 적과의 영적인 전투 중임을 기억합니다.

1) 하나님의 자녀로서 아버지만을 온전히 의지하게 하옵소서.
2) 우리 주 예수 그리스도 안에 거하는 주의 백성되게 하시고
3) 성령님을 모시고 사는 온전한 성전으로서의 삶이 되게 하소서.

2. 이 시대의 위기와 질병, 환난을 이기게 하소서!

1) 환난 중에도 주의 뜻을 발견하므로 온전히 승리하게 하시고
2) 질병으로 인하여 고통 받는 일이 없도록 도와주시옵소서!
3) 전쟁이 없는 평화로운 하나님 나라가 속히 임하게 하소서!

3. 새 생명, 새로운 나라가 이 땅에도 건설되게 하소서!

1) 악한 세력이 틈타지 않는 우리나라가 되게 하여 주옵소서!
2) 우리의 가정과 교회가 악한 세력들로부터 안전하게 하시고
3) 언제나 더러운 귀신이 틈타지 않는 우리의 삶이 되게 하소서!

10과

장모의 열병까지도

마가복음 1:29-31

29 회당에서 나와 곧 야고보와 요한과 함께 시몬과 안드레의 집에 들어가시니

30 시몬의 장모가 열병으로 누워 있는지라 사람들이 곧 그 여자에 대하여 예수께 여짜온대

31 나아가사 그 손을 잡아 일으키시니 열병이 떠나고 여자가 그들에게 수종드니라

시몬의 장모가 시몬과 안드레의 집에서

시몬 베드로의 장모가 열병으로 누워있습니다.
장모를 모신 베드로!
결혼한 사람으로서 당연합니다.
그런데 구태여 시몬과 안드레의 집이라 했습니다.
옹기조기 모여 사는 당시의 풍습이 아름답습니다.

가버나움은 시몬 베드로의 고향입니다.
예수님은 안식일에 회당에서 가르치셨습니다.
방해꾼이 나타나 예수님을 알아보았습니다.
그래서 귀신들린 사람을 고치셨습니다.
그리고 시몬과 안드레의 집으로 향하셨습니다.

야고보와 요한도 함께 동행하였습니다.
미리 열병 소식을 듣고 가신 기록은 없습니다.
누가의 기록(눅 4:38)은 시몬의 집에 들어가셨는데
시몬의 장모가 심한 열병을 앓고 있었고
사람들이 예수님께 간청한 것으로 되어 있습니다.

1. 주님을 모신 곳, 고통이 없습니다.

초막이나 궁궐이나, 야외든 실내든 어디서든지!
회당이든 시몬의 집이든 장소를 구별하지 않으십니다.
주님이 계신 곳이라면 치유함이 있습니다.
언제든지, 어느 때라도 시간적인 제한도 없습니다.
주님은 인간의 고통과 불편함을 고쳐주십니다.

따르던 사람이든, 찾아온 사람이든
질병의 종류에 관계가 없습니다.
이방여인도, 구걸하던 사람도
종과 주인을 구별하지 않으시고 본인이든, 가족이든,
누구든지 구하면 다 들어 주셨습니다.

2. 다양한 방법으로

안수하시고 만지시고
때로는 말씀으로,
때로는 꾸짖기도 하시며
어떻게 하시든 예수님의 마음은
불쌍히 여기시되, 사랑하는 마음으로 고치셨습니다.

"예수께서 가까이 서서 열병을 꾸짖으신대"(눅 4:39)

"그의 손을 만지시니 열병이 떠나가고"(마 8:15)

본문 마가복음에는 다른 방법으로 기록합니다.

"나아가사 그 손을 잡아 일으키시니"(막 1:31)

더 중요한 것은 측은히 여기시는 주님의 마음입니다.

3. 병 고침을 받았으니

"열병이 떠나고 여자가 그들에게 수종드니라."(막 1:31)

마태도 누가도 열병이 떠나자

곧 일어나 수종을 들었다고 기록하고 있습니다.

은혜 받은 자로서 당연함을 이야기합니다.

베드로의 장모도 즉시 일어나 수종을 들었습니다.

받은 자로서의 응답은 베푸는 것입니다.

이웃을 섬기는 것이 곧 주께 하는 것임을

달란트의 비유를 통하여 하신 말씀입니다.

"지극히 작은 자 하나에게 한 것이

곧 내게 한 것이니라."(마 25:40)

주께서 오시면

베드로의 장모처럼 열병으로 앓아도
주께서 오시면 깨끗함을 얻습니다.
열이 내리고 기운을 차리고 일어나 수종을 들 수 있는 힘이 생깁니다.
성도는 주님을 모시는 사는 사람입니다.

가나의 혼인 잔치 집에도, 병들어 죽었던 나사로의 집에도
주님이 오시니 어려운 문제가 해결되고
죽음의 권세도 극복이 되었습니다.
주님이 함께하시면 가장 크고 복된 삶이 됩니다.

홀로 누리는 자가 되어서는 안 됩니다.
치유에도, 문제해결에도 목적이 있습니다.
사명(使命)이 있기 때문이라는 표현이 옳습니다.
전해야 합니다. 부끄러움 없이 전해야 합니다.
십자가를 따르는 자의 삶이 되어야 합니다.

"아무든지 나를 따라오려거든(주님과 함께 하려면)
자기를 부인하고 날마다 제 십자가를 지고
나를 따를 것이니라."(눅 9:23)

모든 질병을 치유하시되 새로운 힘을 공급하여 주소서!

1. 주님을 영접한 성도들과 언제나 함께 하시는 하나님!

1) 성령님을 모시고 사는 성도로서 언제나 부족함이 없게 하시고
2) 주 예수 그리스도의 능력이 우리의 삶 속에 나타나게 하시고
3) 모든 질병을 치유하여 주시고, 환난과 고통이 사라지게 하소서!.

2. 무한한 사랑과 자비로 인류를 위해 이 땅에 오신 예수님!

1) 사순절 기간에 우리 주님을 만나지 못하는 이가 없게 하시고
2) 십자가의 사랑과 은총을 깨달아 모든 민족이 구원받게 하시고
3) 부활의 능력이 온 땅에 충만하여 주의 나라가 임하게 하소서!

3. 전쟁과 기근과 질병! 종말의 징조가 너무나 분명합니다.

1) 깨어 근신하며, 모여서 함께 기도하는 저희들 되게 하시고
2) 주의 사랑을 나누고 베풀며 이웃을 돌아보며 섬기게 하시고
3) 언제나 복음 증거의 삶으로 주어진 사명을 다하게 하소서!

11과

나병 환자의 간구

마가복음 1:40-45

40 한 나병 환자가 예수께 와서 꿇어 엎드려 간구하여 이르되 원하시면 저를 깨끗하게 하실 수 있나이다

41 예수께서 불쌍히 여기사 손을 내밀어 그에게 대시며 이르시되 내가 원하노니 깨끗함을 받으라 하시니

42 곧 나병이 그 사람에게서 떠나가고 깨끗하여진지라

43 곧 보내시며 엄히 경고하사

44 이르시되 삼가 아무에게 아무 말도 하지 말고 가서 네 몸을 제사장에게 보이고 네가 깨끗하게 되었으니 모세가 명한 것을 드려 그들에게 입증하라 하셨더라

45 그러나 그 사람이 나가서 이 일을 많이 전파하여 널리 퍼지게 하니 그러므로 예수께서 다시는 드러나게 동네에 들어가지 못하시고 오직 바깥 한적한 곳에 계셨으나 사방에서 사람들이 그에게로 나아오더라

나병 환자의 간구와 손을 내미신 예수님

사람들은 나병 환자를 기피했습니다.
저주를 받은 질병으로 생각하였기 때문입니다.
첫째는 정상적인 통증이 없으므로 무감각합니다.
둘째는 힘줄이 오그라들고 외모가 점점 흉해집니다.
셋째는 전염성이 있어서 사람들과 함께 살 수 없습니다.

바이러스를 알게 된 지금은 약으로 처방이 가능하지만
당시에는 절망과 낙심 뿐, 아무것도 기대할 수 없었습니다.
그런데 소망을 가지고 믿음으로 찾아온 나병 환자가 있었습니다.
예수께 와서 꿇어 엎드려 간구합니다.
"원하시면 저를 깨끗하게 하실 수 있나이다."(막 1:40)

부정하다고 하며 싫어하는 사람들 속을 비집고
예수님 앞에 나와 꿇어 엎드린 이 사람을 향하여
주님은 **"손을 내밀어 그에게 대시며"** 말씀하셨습니다.
"내가 원하노니 깨끗함을 받으라."(막 1:41)
곧 나병이 그 사람에게서 떠나고 깨끗하여졌습니다.

1. 상식과 율법을 초월한 접근이었습니다.

사람들이 미리 알았다면 그는 벌써 쫓겨났을 것입니다.
나병 환자라면 당연히 성 밖에 있어야 합니다.
사람들과 가까이 할 수 없는 나병 환자였습니다.
하나님과 사람들에게 버림을 받았다는 절망감으로
나병 환자는 철저한 모세의 규례(레 13-14장)를 지켜야만 합니다.

그러나 이 병자는 이 모든 것을 초월합니다.
율례를 어기고, 체면을 무시하고, 양심의 벽을 넘어
무리들에 둘러싸인 예수님께 달려 나왔습니다.
율법의 거울로 이미 자신이 환자라는 사실이 확인되었습니다.
상황을 잘 알기에 이를 극복하므로 질병에 매몰되지 않았습니다.

2. 주께서 원하시면, 주의 뜻대로

어려움을 극복하고 달려 나왔으나
나의 원대로가 아니고, 주께서 원하신다면 …
주님이시라면 '무엇이든 하실 수 있다'는 믿음의 고백입니다.
주님께 의지하고 의탁하는 믿음도 중요하지만
주의 뜻대로 순종하며 따르리라는 자세를 배워야 합니다.

"예수께서 불쌍히 여기사
손을 내밀어 그에게 대시며
이르시되 내가 원하노니 깨끗함을 받으라."(막 1:41)
불쌍히 여기시고, 만져주시고, 말씀하시니
해결되지 않는 문제가 있을 수가 없습니다.

3. 고침 받은 환자에게 엄히 말씀하시기를

나병이 떠나고 깨끗하여졌습니다.
그러나 주님은 그를 제사장에게로 보내십니다.
엄히 경고하십니다.
"아무에게 아무 말도 하지 말고 가서
네 몸을 제사장에게 보이고"(막 1:44)

율법의 행위로 구원을 받는 것은 아니지만
율법으로 인하여 죄인임을 알고 주님을 만나 구원을 받습니다.
그리고 구원을 받았으니 더욱 감사함으로 율법을 따라야 합니다.
나병이 나았으니 모세의 율법대로 제사장에게 나아가
이제 깨끗하게 되었음을 입증하여야 하는 것입니다.

우리는 고침을 받은 나병 환자들입니다.

죄를 짓고 살면서도 죄인인 줄을 모르고
죽음을 향해 치닫는 데도 죽는다는 걸 몰랐습니다.
영적으로 나병 환자들인 우리들이었습니다.
그러나 고쳐주셨습니다.
십자가의 보혈로 온전히 의인으로 삼아 주셨습니다.

고침을 받고 새 사람이 되었으니
당연한 감사로 주께 영광을 돌리며
모세의 규례와 구약의 율법을 생각하며
모든 이들에게 덕을 끼치는 삶을 살아야 합니다.
포도주의 향기가 되고, 세상의 소금이 되어야 합니다.

모든 질병을 고치시고
코로나보다 더한 나병이나 여인의 열병도 치유하시는
우리 주님의 크신 능력이 널리널리 전파되어야 합니다.
주님은 바깥 한적한 곳에 계셨음에도 불구하고
이 놀라운 소문으로 인해 사람들이 주께로 몰려들었습니다.

영적 나병으로 인하여 죄에 대한 무감각을 고쳐주소서!

1. 먼저 우리 자신이 죄임임을 알고 고백하며 기도합니다.

1) 죄를 짓고도 감각이 없는 영적 나병 환자임을 알게 하여 주시고
2) 환경을 탓하거나 원망함이 없이 감사함으로 주 앞에 서게 하시되
3) 오직 어려움을 극복하고 이기는 길은 주밖에 없음을 고백합니다.

2. 원하시면 무엇이든 하실 수 있사오니 고쳐주시옵소서!

1) 재난과 전쟁으로 환난 중에 있는 백성들을 구원하여 주시고,
2) 자신의 잘못을 알지 못하는 죄인들을 부르사 깨달음을 주시되
3) 영적 무지와 죄로 인한 모든 질병들을 치유하여 주소서!

3. 구원받은 백성으로서 다시 한번 주의 법을 기억합니다.

1) 은혜로 구원받은 저희들이오니 주의 말씀을 사모하게 하시고
2) 주의 계명을 즐거워하며 주의 말씀에 순종하게 하소서!
3) 세상에 덕을 끼치며 주의 복음을 널리 전하게 하소서!

12과

그들의 믿음을 보시고

마가복음 2:3–12

3 사람들이 한 중풍병자를 네 사람에게 메워 가지고 예수께로 올새
4 무리들 때문에 예수께 데려갈 수 없으므로 그 계신 곳의 지붕을 뜯어 구멍을 내고 중풍병자가 누운 상을 달아 내리니
5 예수께서 그들의 믿음을 보시고 중풍병자에게 이르시되 작은 자야 네 죄 사함을 받았느니라 하시니
6 어떤 서기관들이 거기 앉아서 마음에 생각하기를
7 이 사람이 어찌 이렇게 말하는가 신성모독이로다 오직 하나님 한 분 외에는 누가 능히 죄를 사하겠느냐
8 그들이 속으로 이렇게 생각하는 줄을 예수께서 곧 중심에 아시고 이르시되 어찌하여 이것을 마음에 생각하느냐
9 중풍병자에게 네 죄 사함을 받았느니라 하는 말과 일어나 네 상을 가지고 걸어가라 하는 말 중에서 어느 것이 쉽겠느냐
10 그러나 인자가 땅에서 죄를 사하는 권세가 있는 줄을 너희로 알게 하려 하노라 하시고 중풍병자에게 말씀하시되
11 내가 네게 이르노니 일어나 네 상을 가지고 집으로 가라 하시니
12 그가 일어나 곧 상을 가지고 모든 사람 앞에서 나가거늘 그들이 다 놀라 하나님께 영광을 돌리며 이르되 우리가 이런 일을 도무지 보지 못하였다 하더라

중풍병자가 있었습니다.

자기 혼자는 움직일 수 없었습니다.

예수님의 소문을 들었으나 방법이 없습니다.

아마도 도와줄 가족도 없었나 봅니다.

그러나 참으로 다행입니다.

그에게는 믿음이 좋은 친구들이 있었습니다.

그러나 쉬운 일이 아니었습니다.

안고 업고 달려왔으나 사람들이 많았습니다.

비집고 들어갈 수가 없었습니다.

그래서 지붕을 뚫었습니다.

그리고 환자를 달아 내렸습니다.

분명히 성경은 기록합니다.

"예수께서 그들의 믿음을 보시고"(막 2:5)

그들의 믿음, 곧 메고 온 네 사람의 믿음입니다.

"내가 네게 이르노니

일어나 네 상을 가지고 집으로 가라."(막 2:11)

1. 그들의 믿음을 보셨습니다.

물론 중풍병자의 믿음도 중요합니다.

지붕을 뚫어서라도 달아 내리는 이 사람들!

주님은 이 사람들의 믿음을 보셨습니다.

예수께서 가버나움의 한 집에 계시다는 소문을 듣고

친구의 중풍병을 걱정하며 나선 이 사람들!

이들의 믿음을 보신 주님은

지금도 우리들의 기도를 들으십니다.

가족을 위하여 기도하는 사람들!

이웃을 위하여 헌신하는 사람들!

성도들을 위하여 부르짖는 기도를 들어주십니다.

2. 중보하는 자들의 믿음을 보십니다.

우리의 중보자이신 분은 예수님이십니다.

성도들은 그분의 뒤를 따르는 사람들입니다.

기도 부탁을 받으면 기도한다고 대답하지만

진실로 그를 위하여 기도하여야 합니다.

주님은 벗을 위한 기도 응답을 약속하셨습니다(눅 11:5-13).

딸을 위한 어머니의 기도(막 7:24-30),
하인을 위한 백부장의 기도(마 8:5-6),
아들을 위한 아버지의 기도(눅 9:38)를 들어 주셨습니다.
중풍병자를 위한 네 명의 수고를 보시고
그들의 믿음대로 응답하셨습니다.

3. 합심하여 기도하는 열정을 보십니다.

타인을 위한 기도의 근거는 사랑입니다.
그 대상이 환자라면 불쌍히 여기는 마음이,
힘이 필요한 벗이라면 협력하는 열정이,
고통 중인 형제라면 동정심이 있어야 합니다.
입만 살아있는 서기관들(막 2:6-7)과 같지 않습니다.

아말렉과의 전투에서 승리한 여호수아에게는
모세와 아론과 훌의 합심 기도(출 17:10-11)가 있었고
총리 다니엘의 승리(단 6:26-27)가 돋보이는 것도
사드락, 메삭, 아벳느고와 같은 친구 때문입니다.
세 겹줄의 기도 원리(전 4:12)를 깨닫게 해 줍니다.

이웃을 위하여 중보기도하는 모임을 칭찬합니다.

매 달마다 성도들의 기도를 모아
기도문을 작성하는 일은 좋은 일입니다.
기도의 동역자들에게
기도문 배포와 기도 부탁하는 일도 잘하는 일입니다.
함께 모여 서로를 위하여 기도하는 일은 정말 아름다운 일입니다.
기도 응답의 기쁨을 함께 나눈다면 더 큰 힘을 얻습니다.
그러기 위해 서로 믿음으로 기도 요청하는 일도 꼭 필요한 일입니다.

네 사람이 한 사람을 위하여 예수님에게 나아간 것처럼
4인조 전도 운동이나 기도 모임을 하게 되면 참 좋습니다.
혼자서 한 해, 한 명을 전도하는 일은 매우 어렵지만
네 명이 석 달에 한 명은 결코 어렵지 않습니다.
자기 믿음도 충만해야 하지만
깊은 우정(友情)이 전제가 되어야 합니다.

참된 친구는 기도의 동역자가 됩니다.
3(모세와 아론과 훌)-30(정기적인 기도 후원자)-300(평소 기도 후원자)!
3-30-300 기도후원자들은 중요한 중보기도자들입니다.
기도 응답을 체험할수록 돈독해집니다.
전도 방법도 관계 전도지만 구역원과 셀 모임이 중요합니다.

한 사람의 치유를 위해서라도
함께 모여 기도하게 하소서!

1. 우리 주변에는 중풍병자와 같은 환자들이 많이 있습니다.

1) 주위에 고통받고 있는 환자들을 위하여 간절히 기도하게 하시고
2) 함께 힘을 모아 주의 이름으로 기도하는 자들 되게 하시고
3) 우리의 기도를 들으사 놀라운 일이 일어나게 하소서!

2. 합심하여 기도하는 중보기도가 더욱 활성화되게 하소서!

1) 마음을 합하여 함께 기도하는 모임이 많아지게 하시고
2) 기도 응답의 큰 기쁨으로 중보기도 모임이 더욱 힘 있게 하시고
3) 그 능력으로 인하여 온 교회가 기도의 열풍으로 뜨겁게 하소서!

3. 이웃을 사랑하는 뜨거운 열정으로 하나 되게 하소서!

1) 힘들어하는 성도들을 사랑하게 하시고
2) 그들의 어려움을 나의 것으로 알고 기도하게 하시되
3) 기도 응답의 체험으로 역동적인 우리 교회를 이루게 하소서!

13과

어떻게 죽일까 의논하니라

마가복음 3:1–6

1 예수께서 다시 회당에 들어가시니 한쪽 손 마른 사람이 거기 있는지라
2 사람들이 예수를 고발하려 하여 안식일에 그 사람을 고치시는가 주시하고 있거늘
3 예수께서 손 마른 사람에게 이르시되 한 가운데에 일어서라 하시고
4 그들에게 이르시되 안식일에 선을 행하는 것과 악을 행하는 것, 생명을 구하는 것과 죽이는 것, 어느 것이 옳으냐 하시니 그들이 잠잠하거늘
5 그들의 마음이 완악함을 탄식하사 노하심으로 그들을 둘러 보시고 그 사람에게 이르시되 네 손을 내밀라 하시니 내밀매 그 손이 회복되었더라
6 바리새인들이 나가서 곧 헤롯당과 함께 어떻게 하여 예수를 죽일까 의논하니라

손 마른 자가 있었습니다.

예수님께서는 안식일에 늘 회당으로 가셨습니다.
하나님 나라의 진리를 가르치시기도 하셨으나
특별히 능력을 많이 행하셨습니다.
더구나 본문의 배경 역시 가버나움입니다.
'나훔의 땅'이라는 의미를 가지고 있습니다.

베드로와 세리 마태의 고향!
엄청난 기적과 능력을 행하시기도 한 가버나움!
그러나 주님은 가버나움을 두고 탄식하신 적이 있습니다.
"가버나움아 네가 하늘에까지 높아지겠느냐
음부에까지 낮아지리라."(마 11:23; 눅 10:15)

차라리 소돔 땅이 견디기 쉬웠을 것이라는 예언은(마 11:24)
손 마른 사람이 고침을 받는 것이 당연함에도 불구하고
이를 목격한 바리새인들의 행위와 무관하지 않습니다.
"그들의 마음이(백성들이) 완악함을 탄식하사
노하심으로 그들을 둘러보시고
… 네 손을 내밀라 하시니 내밀매 그 손이 회복되었더라."(막 3:5)

1. 손을 고쳐 주셨습니다.

애굽으로 내려가는 모세의 손을 주목합시다.

능력의 지팡이를 잡고 가는 모세의 손 말입니다(출 4:20).

지팡이가 뱀이 되고, 그 꼬리를 잡았던 손(출 4:4)이며,

나병이 발하여 눈같이 되기도 했던 바로 그 손(출 4:6)입니다.

지팡이로 바다와 반석을 쳤고, 높이 들고 기도하던 손입니다.

그 손이 병들었습니다.

아무런 힘이 없이 말라버렸습니다.

화가든, 음악가든, 요리사든, 목공이든

농부, 어부, 광부, 운동선수 … 손이 필요합니다.

붙어있는 손이 아니라 능력 있는(고전 4:20) 손이 되어야 합니다.

2. 고침을 받아야 할 바로 그 손입니다.

전설에 의하면 이 환자는 오른손이 마른 석수(石手)였다고 합니다.

예수 그리스도의 손발이 되어야 할 성도들은 알아야 합니다.

부지런히 놀리며 ① 일해야 할 손이 고침을 받아야 합니다.

높이 들고 ② 기도해야 할 그 손이 치유함을 받아야 합니다.

나누고 베풀며 ③ 섬겨야 할 바로 그 손으로 변화되어야 합니다.

맡은 자(執事)들의 손길이 필요합니다.
여호수아를 위한 모세와 아론과 훌이 있어야 합니다.
가족과 이웃과 세상이 여러분들의 손길을 원합니다.
주님은 우리들의 병든 손을 고치시려 하십니다.
"네 병든 손 내밀라고 주 예수님 말씀하시네."(찬송가 472장)

3. 시기하는(죽이려는) 때가 있습니다.

방해꾼이 있습니다.
바리새인들과 헤롯당, 제사장과 백성들!
지금도 호시탐탐 기회를 엿보는 악한 무리가 있습니다.
권력으로, 유혹으로, 참소로 넘어뜨리는 사탄과 졸개들!
이들은 "어떻게 하여 예수를 죽일까 의논"합니다(막 3:6).

기적적인 역사가 일어나는 현장에서(마 12:14)
매매하는 자들을 내쫓아 성전을 청결하게 하시자(막 11:18)
명절이 다가오고 백성들이 주를 따를 때에(눅 22:2)
이들을 어떻게 하면 예수님을 죽일까 방도를 찾습니다.
반(Anti-) 기독교 운동을 하는 자들의 속성을 알아야 합니다.

당당한 일꾼이 되어야 합니다.

세상의 시류를 따라서도 안되지만
기독교를 반대하는 자들의 유혹에 넘어가는 일이 없어야 합니다.
하늘의 품성을 가진 인격자들은 하늘의 품격을 지켜야 합니다.
핑계와 변명, 책임 전가와 남 탓에 빠지면 손을 쓸 수 없습니다.
하늘을 향하여 열려 있어야 하며 눈과 귀가 되어야 합니다.

주님은 손 마른 자에게 일어서라 하시고 무리에게 질문하십니다.
"안식일에 선을 행하는 것과 악을 행하는 것,
생명을 구하는 것과 죽이는 것, 어느 것이 옳으냐?"(막 3:4)
교회의 일은 선을 행하고 생명을 구하는 것입니다.
망설임이나 주저함이 없이 당당해야 합니다.

손을 높이 듭시다.
우리의 손을 회복시켜 주소서!
당당하게 일하는 손이 되게 하시고
주님 앞에 부르짖으며 기도하는 능력의 손이 되게 하시고
이웃과 세상을 섬기는 거룩한 손이 되게 하소서!

사람들의 술수로 치유의 기회를 놓친 이들을 도와주소서!

1. 세상은 우리를 어떻게 죽일까 궁리합니다.

1) 어려움을 겪고 있는 성도들과 환자들을 위하여 기도합시다.
2) 주님의 이름으로 기도하오니 상처받은 자들을 치유하여 주소서!
3) 주님의 사역을 반대하거나 방해하는 자들이 회개하게 하소서!

2. 우리의 손을 내밀었으나 주님의 손으로 치유받게 하소서!

1) 부지런히 일하는 손으로 고침을 받게 하시고
2) 높이 들고 기도해야 할 손으로 치유함을 받게 하시고
3) 나누고 베풀며 섬겨야 할 손으로 변화되게 하소서!

3. 어려운 환경을 극복하는 당당한 손발들이 되게 하소서!

1) 자신에게 주어진 사명을 당당하게 감당하게 하시고
2) 이웃을 어려움을 위하여 헌신하는 일꾼들이 되게 하시고
3) 주님의 몸 된 일꾼으로서 당당하게 섬기는 저희가 되게 하소서!

14과

이스라엘에서도 찾을 수 없는 믿음

마태복음 8:5-10

5 예수께서 가버나움에 들어가시니 한 백부장이 나아와 간구하여
6 이르되 주여 내 하인이 중풍병으로 집에 누워 몹시 괴로워하나이다
7 이르시되 내가 가서 고쳐 주리라
8 백부장이 대답하여 이르되 주여 내 집에 들어오심을 나는 감당하지 못하겠사오니 다만 말씀으로만 하옵소서 그러면 내 하인이 낫겠사옵나이다
9 나도 남의 수하에 있는 사람이요 내 아래에도 군사가 있으니 이더러 가라 하면 가고 저더러 오라 하면 오고 내 종더러 이것을 하라 하면 하나이다
10 예수께서 들으시고 놀랍게 여겨 따르는 자들에게 이르시되 내가 진실로 너희에게 이르노니 이스라엘 중 아무에게서도 이만한 믿음을 보지 못하였노라

백부장은 로마인입니다.

로마제국의 변방 백부장은 대단한 지위입니다.
제국에 특별한 공로로 예우를 받는 자이거나
명문 귀족의 자제로
외지에서 지휘자로서의 훈련받는 자이기 때문입니다.
더구나 가버나움에 주둔하는 군대의 백부장입니다.

이전에 왕의 신하가 아들을 위하여
가버나움에서 가나까지 달려온 일도 있지만(요 4:46-54)
백부장은 지금 중풍으로 괴로워하는 하인을 위해 간구합니다.
식민지 하인들 정도는 예사롭지 않게 여기던 그때입니다.
더구나 생사여탈권(生死與奪權)을 가진 백부장입니다.

그러한 백부장이 예수님을 주인으로 고백합니다.
말씀 한 마디면 질병도 물러가는 것으로 믿고 있습니다.
"내가 진실로 너희에게 이르노니 이스라엘 중 아무에게서도
이만한 믿음을 보지 못하였노라."(마 8:10)
"가라 네 믿은 대로 될지어다."(마 8:13)

1. 아~ 가버나움, 그리고 백부장!

베드로와 안드레와 야고보와 요한의 고향!
시몬의 장모가 열병을 고침 받고 시중을 들었고
왕의 신하가 아들을 위하여 달려갔던 60리(24km) 길!
회당에서는 손 마른 사람까지 고치셨는데(막 3:1-6)
이번에는 이방인까지 능력을 체험합니다.

"주여 내 하인이 중풍병으로
집에 누워 몹시 괴로워하나이다."(마 8:6)
하인이 괴로워하는 것도 차마 그대로 보지 못하고
체면과 위신 다 집어치고 주님 앞에 무릎을 꿇었는데
지금 우리는 형제자매를 위해 무얼 하고 있는 것일까요?

2. 교만한 의인보다 겸손한 죄인으로!

지위와 신분을 뛰어넘는 사랑을 가진 백부장입니다.
하인의 괴로움을 나의 아픔으로 여기는 자비심과 함께
이 문제의 해결자는 예수님이심을 믿었습니다.
말씀만 하셔도 그대로 이루어지는 줄로 믿었으며
자신의 믿음을 그대로 간구하는 기도하는 신앙인이었습니다.

믿음이 있노라 하고 행함이 없으면 죽은 것입니다(약 2:14-17).

백부장은 그가 믿은 대로 예수께로 나왔습니다.

그리고 믿음을 고백하며 구했습니다.

자신의 부족함을 시인하며 납작 엎드립니다.

무엇보다 말씀에 대한 확신이 분명합니다.

3. 예수님께 칭찬 받은 이방인의 믿음

배려나 믿음도 분명하지만

우리 주님의 권위를 인정합니다.

가는 곳마다 부정적으로 책을 잡으려는 유대인!

그중에서도 바리새인들과 서기관들 …

백부장의 믿음과는 비교도 안 됩니다.

"이스라엘 중 아무에게서도 이만한 믿음을 보지 못하였노라

또 너희에게 이르노니 동 서로부터 많은 사람이 이르러

아브라함과 이삭과 야곱과 함께 천국에 앉으려니와

그 나라의 본 자손들은 바깥 어두운 데 쫓겨나

거기서 울며 이를 갈게 되리라."(마 8:10-12)

유대인을 위하여 회당을 지은 사람

복음서의 병행 구절로 누가복음 7장 1-10절을 이야기합니다.
그러나 요한복음 4장 43-54절은 비슷하나 병행 구절은 아닙니다.
왕의 신하가 예수님을 자신의 집으로 모시려고 하였고
갈릴리 가나에서 행하신 두 번째 기적입니다만
본문 마태복음 8장의 이야기와는 다릅니다.

백부장이 예수께서 자기 집에 오심을 감당하지 못한다고 하였고
해석에 따라 그만큼 주님을 경외하는 것으로 이야기합니다.
더구나 그는 유대인을 위하여 회당까지 지을 정도로
경건한 사람입니다.
"그가 우리 민족을 사랑하고
또한 우리를 위하여 회당을 지었나이다."(눅 7:5)

동시에 백부장의 간구는 말씀에 대한 확신으로 말미암습니다.
"… 말씀만 하사 내 하인을 낫게 하소서
나도 남의 수하에 든 사람이요, 내 아래에도 병사가 있으니
이더러 가라 하면 가고 저더러 오라 하면 오고
내 종더러 이것을 하라 하면 하나이다."(눅 7:7-8)

믿음이 특심한 자들의 소원을 이루어 주소서!

1. 괴로움을 겪고 있는 이웃을 위하여 기도합시다.

1) 질병 중에 있는 성도들의 이름을 부르며 기도합니다,
2) 우크라이나 사태와 전쟁 난민들과 이재민들을 위하여
3) 경제적으로, 자녀들 문제로 고통받고 있는 이들을 위하여!

2. 우리 자신의 믿음과 겸손함을 위해 기도합시다.

1) 자신이 연약함을 알고 회개하며 고백하는 믿음을 주시고
2) 무엇이든 주님을 전적으로 신뢰하므로 기도하게 하시되
3) 믿음대로 실천하며 말씀에 전적으로 순종하게 하소서!

3. 부활하신 주의 영광이 온 세상에 드러나게 하소서!!

1) 백부장처럼 사람들에게 인정받는 성도들이 되게 하시고
2) 하나님에게도 칭찬받는 주의 백성들이 되게 하시므로
3) 교회와 노회, 총회와 한국 교회가 더욱 거듭나게 하소서!

15과

달리다굼(소녀야 일어나라)

마가복음 5:35-43

35 아직 예수께서 말씀하실 때에 회당장의 집에서 사람들이 와서 회당장에게 이르되 당신의 딸이 죽었나이다 어찌하여 선생을 더 괴롭게 하나이까

36 예수께서 그 하는 말을 곁에서 들으시고 회당장에게 이르시되 두려워하지 말고 믿기만 하라 하시고

37 베드로와 야고보와 야고보의 형제 요한 외에 아무도 따라옴을 허락하지 아니하시고

38 회당장의 집에 함께 가사 떠드는 것과 사람들이 울며 심히 통곡함을 보시고

39 들어가서 그들에게 이르시되 너희가 어찌하여 떠들며 우느냐 이 아이가 죽은 것이 아니라 잔다 하시니

40 그들이 비웃더라 예수께서 그들을 다 내보내신 후에 아이의 부모와 또 자기와 함께 한 자들을 데리시고 아이 있는 곳에 들어가사

41 그 아이의 손을 잡고 이르시되 달리다굼 하시니 번역하면 곧 내가 네게 말하노니 소녀야 일어나라 하심이라

42 소녀가 곧 일어나서 걸으니 나이가 열두 살이라 사람들이 곧 크게 놀라고 놀라거늘

43 예수께서 이 일을 아무도 알지 못하게 하라고 그들을 많이 경계하시고 이에 소녀에게 먹을 것을 주라 하시니라

열두 살 소녀의 죽음

거라사인 지방에서 있었던 일입니다.
군대 귀신 들린 자를 고쳐주셨습니다.
문제는 돼지 떼를 잃은 그 지역 사람들입니다.
오히려 주님께 그 지방에서 떠나시기를 구합니다(막 5:17).
그래서 배를 타시고 맞은편으로 건너가셨습니다.

그때 찾아온 사람이 있었습니다.
회당장 야이로였습니다.
"간곡히 구하여 이르되 내 어린 딸이 죽게 되었사오니
오셔서 그 위에 손을 얹으사
그로 구원을 받아 살게 하소서."(막 5:23)

간절한 그의 부탁을 받고 가는 도중에
혈루증을 앓던 여인이 고침을 받는 일도 있었습니다만
딸이 죽었다는 기별을 받게 된 것은
이 일로 지체된 여부와는 무관합니다.
아직도 열두 살의 어린 소녀가 그만 죽어버렸다는 것입니다.

1. 두려워하지 말고 믿기만 하라.

죽음은 끝입니다.

더 이상 어찌할 수 없는 상황을 우리는 죽음이라고 합니다.

"당신의 딸이 죽었나이다

어찌하여 선생을 더 괴롭게 하나이까?"(막 5:35)

이 말을 들으신 주님은 회당장에게 말씀하십니다.

"두려워하지 말고 믿기만 하라."(막 5:36)

모든 것이 끝나버렸다는 소식을 듣게 된 현장입니다.

'끝까지'가 아니라 '끝난' 상황입니다.

이러한 와중에도 주님은 용기와 믿음을 말씀하십니다.

2. 비웃는 사람들을 내보내시고

베드로와 야고보와 요한만을 데리시고

울며 통곡하는 소리로 시끄러운

회당장의 집으로 들어가셨습니다.

비웃는 자들을 다 내보내신 것(막 5:40)을 보면

제자들을 구분하신 이유도 알 수 있을 것 같습니다.

시신의 손을 잡으신 예수님은
"달리다굼!"(소녀야 일어나라)이라고 하셨습니다(막 5:41).
일어나 걷는 열두 살의 어린 소녀!
놀라고 놀란 부모에게
먹을 것부터 주라고 말씀하십니다.

3. 회당장의 지위와 믿음

본문의 회당장은 계급적인 지위가 아닙니다.
회당이라는 곳이 바로 바리새인들의 거점이고,
주님을 괴롭히던 서기관들과 랍비들의 무대입니다.
바로 그 회당의 회당장 중의 한 사람이라는 것입니다.

그런데 그가 예수님에게 달려왔다는 사실이 중요합니다.
"내 어린 딸이 죽게 되었다."는 간절함도 있었겠지만
주님이 보신 것은 그의 믿음이었습니다.
그래서 주님도 그의 지위를 배려하여 비밀을 당부하셨습니다.

어린아이들을 위한 기도를 잊지 맙시다.

이 시대의 어린아이들이 죽어가고 있습니다.

회당장 야이로가 예수님을 찾은 것은 아직 죽기 전이었으나

그런데 어른들의 문제로 정신이 없을 때 어린아이들은 죽어갑니다.

중동지역의 분쟁이 그렇고 우크라이나 전쟁이 그렇습니다.

정치적인 분열과 비방으로 아이들이 병들어가고

매스컴의 부정적인 뉴스들은 엄청난 불신을 조장합니다.

우리가 알지 못하는 사이에 죽어가는 아이들에게

꿈을 심어주고 소망을 주어야 합니다.

그리고 살려야 합니다.

포기하기에는 이르다는 사실을 깨달아야 합니다.

보디발 아내의 참소로 옥에 갇힌 요셉에게는

그것이 끝이 아니라 총리가 되는 과정이었던 것처럼.

주께서 함께 하시면 전화위복(轉禍爲福)이 됩니다.

어린아이들의 고통을 돌아보사
속히 치유하여 주소서!

1. 낙심 중에 있는 자들을 위하여 기도합시다.

1) 질병 중에 있는 성도들의 이름을 부르며
2) 전쟁과 천재지변으로 인한 난민들과 이재민들을 위하여
3) 경제적으로, 자녀들 문제로 고통받고 있는 이들을 위하여

2. 다음 세대와 어린아이들을 위하여 기도합시다.

1) 다음 세대를 이어갈 어린아이들을 위하여
2) 교회학교 어린아이들과 각 가정의 자녀들을 위하여
3) 미래 세대를 꿈꾸는 청년들과 그들의 앞길을 위하여

3. 부활하신 주의 영광이 온 세상에 드러나게 하소서!!

1) 부활하신 주님과 성령님을 보내주신 은혜에 감사하며
2) 모든 성도들이 성령의 충만함을 입어 주의 일을 감당할 수 있도록
3) 믿음의 가정과 성도들의 가족들을 위하여 구체적으로 기도합시다.

16과

누가 내 옷에 손을 대었느냐?

마가복음 5:25-34

25 열두 해를 혈루증으로 앓아 온 한 여자가 있어

26 많은 의사에게 많은 괴로움을 받았고 가진 것도 다 허비하였으되 아무 효험이 없고 도리어 더 중하여졌던 차에

27 예수의 소문을 듣고 무리 가운데 끼어 뒤로 와서 그의 옷에 손을 대니

28 이는 내가 그의 옷에만 손을 대어도 구원을 받으리라 생각함일러라

29 이에 그의 혈루 근원이 곧 마르매 병이 나은 줄을 몸에 깨달으니라

30 예수께서 그 능력이 자기에게서 나간 줄을 곧 스스로 아시고 무리 가운데서 돌이켜 말씀하시되 누가 내 옷에 손을 대었느냐 하시니

31 제자들이 여짜오되 무리가 에워싸 미는 것을 보시며 누가 내게 손을 대었느냐 물으시나이까 하되

32 예수께서 이 일 행한 여자를 보려고 둘러 보시니

33 여자가 자기에게 이루어진 일을 알고 두려워하여 떨며 와서 그 앞에 엎드려 모든 사실을 여쭈니

34 예수께서 이르시되 딸아 네 믿음이 너를 구원하였으니 평안히 가라 네 병에서 놓여 건강할지어다

회당장 야이로의 집으로 가시는 길에

회당장 야이로가 예수님을 찾아왔습니다.
딸이 당장 죽게 되었으니 속히 오셔서
그 위에 손을 얹어
구원을 받아서 살게 해달라는 것이었습니다.
너무 구체적인 부탁이라 가시지 않을 수 없었습니다.

"큰 무리가 따라가며 에워싸 밀더라."(막 5:24)
이 행렬은 야이로의 딸을 위한 것이라기보다는
혈루증을 앓던 여인을 위한 걸음이 아니었을까요?
회당장의 구체적인 기도에 따라 행하시는 걸음이지만
주님의 치유 역사는 거리와는 관계가 없기 때문입니다.

예수의 소문을 듣고 이 무리 가운데 끼어 있었기에
여인은 예수의 뒤를 따를 수가 있었고
주님의 옷에 손을 내밀 수 있는 용기가 생겼을 것입니다.
주님은 지금도 우리의 곁을 지나가십니다.
우리들에게 너무나 좋은 기회를 주고 계시는 것입니다.

1. 어떠한 해결 방법도 없었던 여인

한두 해가 아니라 열두 해 동안 혈루증을 앓았습니다.
많은 의사에게 많은 괴로움을 받았다고 했습니다.
가진 것도 모두 허비하였다고 했습니다.
아무 효험도 없고 도리어 더 중하여졌던 차라고 했습니다.
이런 여인이 무리 속에 끼어들었습니다.

'혈루증 : 혈관 조직이 약하여 피가 밖으로 나오는 병'
이 질병은 간단한 출혈증 정도로 생각할 문제가 아닙니다.
문제는 율법에서 이 병을 부정하게 보았기 때문입니다.
무리들도 이 사실을 알았다면 용납하였을 리가 없습니다.
"누구든지 그의 몸에 유출병이 있으면 … 부정한 자라."(레 15:2)

2. 그녀가 주의 옷에 손을 대었다.

부정한 것으로 간주되는 이 병을 앓고 있던 여인이었습니다.
불치의 병으로 더 이상 삶에 대한 소망도 사라지고
그 어떤 방법도 찾을 수 없는 안타까운 현실 중에도
"내가 그의 옷에만 손을 대어도 구원을 받으리라."(막 5:28)는 믿음은
타인의 눈총 따위는 개의치 않는 여인이 되게 하였습니다.

여인의 믿음은 혈루의 근원을 곧 마르게 하였습니다.
여인의 몸도 병이 나은 줄을 깨달았다고 했습니다(막 5:29).
이 모든 것을 아시는 예수님께서 돌이켜 말씀하십니다.
"누가 내 옷에 손을 대었느냐?"(막 5:30)
몰라서가 아니라 우리들을 향한 질문임을 알아야 합니다.

3. 네 믿음이 너를 구원하였으니 평안히 가라.

예수님의 질문에 베드로는 영문도 모르고 대답합니다.
"주여 무리가 밀려들어 미나이다."(눅 8:45)
주님은 더욱더 분명하게 하시기를 원하셨습니다.
여인에게도 온전한 믿음을 확인시키기를 원하셨지만
단순히 소문만을 의지하는 미신적인 요소들을 제거해 주셨습니다.

여인은 두려워하여 떨며 나아와 엎드립니다.
손을 댄 이유와 곧 나은 것을 모든 사람 앞에 이야기합니다.
'믿음이 구원하였다'는 선포는 여인만을 위한 것이 아니었습니다.
"딸아 네 믿음이 너를 구원하였으니 평안히 가라
네 병에서 놓여 건강할지어다."(막 5:34)

건강의 문제는 누구에게나 중요합니다.

'건강이 재산'(에머슨)이라는 말이나
좋은 이웃이 되고, 부모가 되려면 건강해야 한다는 말은
누구에게나 건강이 중요할 뿐 아니라
언제든지 건강이 문제가 될 수도 있다는 뜻입니다.
그래서 여인을 향한 주님의 관심이 모두를 위한 것이라는 말입니다.

주님을 만나기 전에 많은 재산을 허비한 여인이지만
주 앞에서는 '오직 믿음'만이 치유와 구원의 유일한 방법이었고
그 믿음의 표현이 주님을 향하여 손을 내미는 것이었습니다.
주님은 이 모든 것을 아시고 돌아보셨습니다.
그리고 그녀를 안심시키시며 구원을 선포하신 것입니다.

문제를 안고 있는 우리들도 마찬가지입니다.
우리들은 예수님에 대한 소문을 듣게 된 정도가 아닙니다.
그리고 교회의 이름으로 무리 속에 끼어 있습니다.
손을 들어 주님의 옷단에 손을 내밀어야 합니다.
주님은 여러분들을 향하여 놀라운 능력을 선포하실 것입니다.

갈급한 마음으로
사모하며 구하는 이들을 고쳐주소서!

1. 우리의 건강과 질병 치유를 위하여

1) 우리의 건강을 안전하게 지켜 주시고
2) 예수 그리스도의 이름으로 모든 질병을 고쳐주소서!
3) 주의 영광을 위하여 영과 육이 모두 강건하게 하소서!

2. 질병 문제로 어려움을 겪고 있는 성도들을 위하여

1) 다음 세대를 이어갈 어린이들을 위하여
2) 교회학교 어린이들과 각 가정의 자녀들을 위하여
3) 미래 세대를 꿈꾸는 청년들과 그들의 앞길을 위하여

3. 주님을 향하여 손을 들 수 있는 믿음을 위하여

1) 주님을 따르는 대열에서 이탈되지 않게 하시고
2) 언제나 주님을 향하여 믿음의 손을 높이 들게 하시고
3) 나라와 민족을 위해 기도하는 팔을 내리지 않게 하소서!

17과

청년아 일어나라

누가복음 7:11-17

11 그 후에 예수께서 나인이란 성으로 가실새 제자와 많은 무리가 동행하더니

12 성문에 가까이 이르실 때에 사람들이 한 죽은 자를 메고 나오니 이는 한 어머니의 독자요 그의 어머니는 과부라 그 성의 많은 사람도 그와 함께 나오거늘

13 주께서 과부를 보시고 불쌍히 여기사 울지 말라 하시고

14 가까이 가서 그 관에 손을 대시니 멘 자들이 서는지라 예수께서 이르시되 청년아 내가 네게 말하노니 일어나라 하시매

15 죽었던 자가 일어나 앉고 말도 하거늘 예수께서 그를 어머니에게 주시니

16 모든 사람이 두려워하며 하나님께 영광을 돌려 이르되 선지자가 우리 가운데 일어나셨다 하고 또 하나님께서 자기 백성을 돌보셨다 하더라

17 예수께 대한 이 소문이 온 유대와 사방에 두루 퍼지니라

청년이 살아야 (　　　)가 산다.

나라도, 민족도, 교회도, 가정도

청년이 살아야만 합니다.

그런데 병들었습니다.

아니 죽어버렸습니다.

소망이 없습니다.

그러나 살리십니다.

죽었던 자를 살리십니다.

나인성 과부의 아들을 살리시고

무덤 속의 나사로를 살리셨습니다.

"청년아 내가 네게 말하노니 일어나라."(눅 7:14)

병이 들어서 죽기도 하지만

힘이 들고 어려워서 포기하기도 하고

낙심하고 좌절하다 못해 쓰러지기도 합니다.

그러나 주님 앞에서는 문제가 되지 않습니다.

주님은 죽음의 행렬을 멈추게 하시는 분이십니다.

1. 나인성의 장례 행렬

가버나움에서 백부장의 간청을 들으시고

그의 종을 고치신 주님은 나인으로 향하여 나아가셨습니다.

역시 제자와 많은 무리가 따랐습니다.

그때에 나인성에서 나오는 행렬과 마주칩니다.

한 과부의 독자였습니다.

우리들도 늘 마주치는 장례행렬입니다.

지금도 이 행렬은 멈추지 않고 있습니다.

누구에게나 개인적인 종말인 까닭에

피할 수 없는 행렬이 바로 장례행렬입니다.

그러나 반드시 막아야 하는 행렬이 있습니다.

2. 주님은 이 행렬을 멈추게 하셨습니다.

주께서 보셨습니다.

"주께서 과부를 보시고 불쌍히 여기사

울지 말라 하시고"(눅 7:13)

그리고 가까이 다가가셔서 그 관에 손을 대시니

관을 메고 나오는 자들이 멈추어 서지 않을 수 없었습니다.

주께서 명령하십니다.

"청년아 내가 네게 말하노니 일어나라."(눅 7:14)

청년을 향하신 명령이었으나

사실은 죽음의 권세에 대한 외치심이었습니다.

"죽었던 자가 일어나 앉고 말도 하거늘"(눅 7:15)

3. 죽음의 자리에서도 벌떡 일어나야 합니다.

이 놀라운 광경을 보고

"모든 사람이 두려워하며 하나님께 영광을 돌려 이르되

큰 선지자가 우리 가운데 일어나셨다 하고

또 하나님께서 자기 백성을 돌보셨다 하더라."(눅 7:16)

오늘날 우리들도 구경꾼에 끝나지 않기를 바랍니다.

하나님께서는 자기 백성을 돌보시는 분이십니다.

측은히 여기시고 불쌍히 여기시는 우리 주님이십니다.

슬픈 걸음을 멈추게 하시고 어려운 일들을 피하게 하시고

무엇보다 죽음의 행렬을 가로막으시는 성령님이십니다.

그분의 음성을 듣고 일어나는 우리들이 되어야 합니다.

특별히 청년 신앙이 회복되어야 합니다.

말씀을 들어도
주의 사랑과 은총을 받고도
머물러 서 있기만 하는 자가 되지 않아야 합니다.
역동적인 청년 신앙의 소유자들이 되어야 합니다.
청년 신앙은 나이와 무관합니다.

소망을 가진 꿈의 사람이어야 합니다.
아무리 20대, 30대라도 비전과 내일이 없으면 청년이 아닙니다.
70이 되고 8순이 되어도 꿈이 있다면 청년입니다.
그러므로 청년 신앙의 소유자들은 배움을 계속합니다.
장년교회학교 100주년은 아직도 청년들의 상징입니다.

그러나 더욱 중요한 것은 당당해야 합니다.
용기와 담력, 부르실 때 박차고 일어날 수 있는 믿음입니다.
"윤탁아!" 하고 부르면 "예!" 하고 일어서야 합니다.
젊은 나이임에도 비실비실, 대답도 않고 …
누가 그를 청년이라고 하겠습니까?

교회 안의
청년 신앙 회복을 위하여 기도합니다.

1. 우리에게 청년 신앙을 회복하게 하소서

1) 어렵다고 주저앉지 않고 주 안에서 소망을 가지며
2) 말씀을 통하여 하나님 나라의 비밀을 배우게 하시고
3) 언제나 당당한 그리스도인으로서 품위를 지키게 하소서.

2. 좌절과 낙심, 죽음의 그늘에서 벗어나게 하소서

1) 힘들고 지친 영혼들이 주님으로부터 힘을 얻게 하시고
2) 질병과 고통 중에 있는 성도들이 치유함을 받게 하시며
3) 전쟁과 전염병 같은 두려운 일들이 속히 사라지게 하소서

3. 수많은 사람들이 지옥으로 치닫고 있사오니

1) 그들이 복음을 듣고 주 앞으로 나오게 하시고
2) 말씀과 진리로 모든 죽음의 행렬을 멈추게 하시고
3) 구원받은 주의 백성들이 이 땅에 가득하게 하소서!

18과

당면한 문제의 해결

누가복음 9:37–43

37 이튿날 산에서 내려오시니 큰 무리가 맞을새

38 무리 중의 한 사람이 소리 질러 이르되 선생님 청컨대 내 아들을 돌보아 주옵소서 이는 내 외아들이니이다

39 귀신이 그를 잡아 갑자기 부르짖게 하고 경련을 일으켜 거품을 흘리게 하며 몹시 상하게 하고야 겨우 떠나 가나이다

40 당신의 제자들에게 내쫓아 주기를 구하였으나 그들이 능히 못하더이다

41 예수께서 대답하여 이르시되 믿음이 없고 패역한 세대여 내가 얼마나 너희와 함께 있으며 너희에게 참으리요 네 아들을 이리로 데리고 오라 하시니

42 올 때에 귀신이 그를 거꾸러뜨리고 심한 경련을 일으키게 하는지라 예수께서 더러운 귀신을 꾸짖으시고 아이를 낫게 하사 그 아버지에게 도로 주시니

43 사람들이 다 하나님의 위엄에 놀라니라

하늘의 영광과 땅의 문제

베드로와 야고보와 요한을 데리시고
기도하시러 높은 산에 오르신 예수님!(눅 9:28)
그 용모가 변화되고 그 옷에 광채가 났습니다.
영광 중에 나타난 모세와 엘리야와 대화하시는 주님!
"주여 우리가 여기 있는 것이 좋사오니"(눅 9:33).

땅의 세계는 제자들이 본 것(*ὅραμα*)과 달랐습니다.
귀신에게 잡혀서 거품을 흘리는 아들과
외아들의 문제로 고통을 받고 있는 아버지와
이 문제를 능히 해결하지 못하였던 제자들로 인하여
큰 무리를 이룬 그들이 일행을 기다리고 있었습니다.

"당신의 제자들에게 내쫓아 주기를 구하였으나
그들이 능히 못하더이다."(눅 9:40)
아버지의 실망에 찬 아버지의 외침을 들으신 주님은
오히려 "믿음이 없고 패역한 세대"(눅 9:41)라 탄식하시며
귀신을 내쫓으시고 아이를 고쳐서 낫게 하셨습니다.

1. 어디에서나 찾게 되는 현실적인 문제들

아들의 문제가 심각합니다.

지금 무엇엔가 잡혀 있는 다음 세대의 문제입니다.

"귀신이 그를 잡아 갑자기 부르짖게 하고
경련을 일으켜 거품을 흘리게 하며
몹시 상하게 하고야 겨우 떠나가나이다."(눅 9:39)

이런 아들을 둔 아버지의 문제입니다.

어디엔들 찾아가지 않았겠습니까?

그래서 소문을 듣고 예수님에게 찾아왔습니다.

심각한 것은 제자들도 이 문제를 해결하지 못했습니다.

아들과 아버지와 제자들에게 당면한 문제들입니다.

2. 당신의 제자들도 능히 못하더이다.

마가복음 9장은 더 직접적인 표현으로 기록되어 있습니다.

"무엇을 하실 수 있거든 우리를 불쌍히 여기사 도와주옵소서."(막 9:22)

아버지의 간구에 주님은 엄하게 말씀하십니다.

"할 수 있거든이 무슨 말이냐
믿는 자에게는 능히 하지 못할 일이 없느니라."(막 9:23)

목사도, 장로도, 제자도, 성도들도 명심해야 합니다.
그래서 아버지가 소리칩니다.
"내가 믿나이다 나의 믿음 없는 것을 도와주소서."(막 9:24)
이 문제를 능히 해결하지 못한 제자들의 모습을 통하여
우리들은 다시 한번 우리들을 돌아보아야 합니다.

3. 예수께서 그 손을 잡아 일으키시니

"귀신이 소리 지르며
아이로 심히 경련을 일으키게 하고 나가니
그 아이가 죽은 것 같이 되어 많은 사람이 말하기를
죽었다 하나 예수께서 그 손을 잡아 일으키시니
이에 일어서니라."(막 9:26-27)

마지막 경련을 무서워하는 사람들이 있습니다.
그러나 극복하며 이겨내야 합니다.
아이가 나아서 일어났습니다.
죽은 것처럼 보인다 할지라도 아직 끝이 아닙니다.
기적적인 역사는 끝까지 믿고 인내하는 자에게 나타납니다.

조용히 찾아온 제자들에게 말씀하십니다.

누구에게나 문제는 있다.

기성세대인 아버지의 문제!

다음 세대인 자녀들의 문제!

따르는 제자로서의 그리스도인들의 문제!

그러나 모든 문제가 누구에게 다 풀리는 것이 아닙니다.

더구나 주의 제자인 우리들이

믿고 찾아온 사람에게 아무것도 보여주지 못했습니다.

그래서 그들은 조용히 주님을 찾았습니다.

"우리는 어찌하여 쫓아내지 못하였나이까?"(마 17:19).

"너희 믿음이 작은 까닭이니라."(마 17:20)

같은 질문에 대한 대답을 마가는 기도로 기록하였습니다.

"기도 외에 다른 것으로는

이런 종류가 나갈 수 없느니라."(막 9:29)

그렇다! 믿음과 기도는 같은 것입니다.

믿음이 없는 기도는 한갓 주문일 뿐 기도가 아니기 때문입니다.

성도로서 당면한 문제로 힘들어하는 이들이 있습니다.

1. 하늘에 속한 저희들이 땅의 문제로 기도합니다.

1) 자녀들의 문제로 기도하는 기성세대의 기도에 응답하시고
2) 세상 유혹에 넘어지고 자빠지는 자녀들을 구원하여 주셔서
3) 이 땅 위에서도 하늘의 평화가 임하는 역사를 허락하소서!

2. 하늘의 영광이 나타나는 교회들이 되게 하소서!

1) 당면한 모든 문제들이 믿음과 기도로 해결 받게 하시고
2) 세상 가운데에서도 기적적인 주의 영광을 나타내시므로
3) 성도들과 교회가 세상으로부터 신뢰를 회복하게 하소서!

3. 믿음의 회복과 뜨거운 기도의 열정을 허락하소서!

1) 가정의 달, 각 가정마다 가정예배가 회복되게 하시고
2) 성령강림절, 뜨거운 기도로 성령님을 대망하게 하시고
3) 질병과 고통, 모든 어려움이 시원하게 해결되게 하소서!

19과

내가 보기를 원하나이다

마가복음 10:46-52

46 그들이 여리고에 이르렀더니 예수께서 제자들과 허다한 무리와 함께 여리고에서 나가실 때에 디매오의 아들인 맹인 거지 바디매오가 길 가에 앉았다가

47 나사렛 예수시란 말을 듣고 소리 질러 이르되 다윗의 자손 예수여 나를 불쌍히 여기소서 하거늘

48 많은 사람이 꾸짖어 잠잠하라 하되 그가 더욱 크게 소리 질러 이르되 다윗의 자손이여 나를 불쌍히 여기소서 하는지라

49 예수께서 머물러 서서 그를 부르라 하시니 그들이 그 맹인을 부르며 이르되 안심하고 일어나라 그가 너를 부르신다 하매

50 맹인이 겉옷을 내버리고 뛰어 일어나 예수께 나아오거늘

51 예수께서 말씀하여 이르시되 네게 무엇을 하여 주기를 원하느냐 맹인이 이르되 선생님이여 보기를 원하나이다

52 예수께서 이르시되 가라 네 믿음이 너를 구원하였느니라 하시니 그가 곧 보게 되어 예수를 길에서 따르니라

세 가지 눈

우리에게는 세 개의 눈이 있습니다.
물론 육체적인 눈이 중요합니다.
그러나 인간은 이성적이고 지성적입니다.
그러므로 식견이 필요합니다.
지식이 없으면 망할 수도 있습니다(호 4:6).

그러나 결정적인 것은 영적인 눈입니다.
영적인 눈이 열려야 하나님을 알고(호 6:3)
영원한 세계를 볼 수 있습니다.
성경이 이야기하는 상징적 의미가 중요합니다.
체험적, 구체적 교훈은 육안으로 가능하기 때문입니다.

마태는 두 번(9:27-31, 20:29-34), 모두 맹인 두 사람이 등장하지만
마가는 벳새다(8:22-26)와 여리고(10:46-52)에서,
누가는 여리고(18:35-43)에서 일어난 사건을 기록합니다.
여리고에서의 맹인 치유 사건은 공관복음에 모두 기록되어 있으며
그러나 요한은 실로암(9:1-12) 못으로 보낸 사건이 소개됩니다.

1. 눈을 만지시며 "너희 믿음대로 되라." 하시니

마태복음 9장에 나오는 맹인 치유 기사는
회당장 야이로의 딸을 살리신 후에 있게 되는 일입니다.
"두 맹인이 따라오며 소리 질러 이르되 다윗의 자손이여
우리를 불쌍히 여기소서!"(마 9:27) 하고 부르짖습니다.
예수께서 직접 손으로 눈을 만지시며 보게 하신 일입니다.

주님의 발걸음을 멈추게 한 이들의 외침도 중요하지만
주께서 질문하신 것은 이들의 믿음입니다.
"내가 능히 이 일 할 줄을 믿느냐?"(마 9:28)
"주여 그러하오이다." "너희 믿음대로 되라."(마 9:28-29)
① 따르며 ② 외치며 ③ 고백하는 신앙이 중요합니다.

2. 맹인의 눈에 침을 뱉으시고(벳새다에서)

오병이어와 일곱 개의 보리떡 기사까지 되새기며 교훈하는 중에
벳새다에 이르렀을 때 한 사람의 맹인을 고친 이 사건(막 8:22-26)은
영적 맹인과 다름없는 제자들을 교훈하시기 위한 것으로 해석합니다.
맹인의 ① 손을 붙들고 마을 밖으로 데리고 가서
② 눈에 침을 뱉으시고

③ 그리고 안수하시는 일련의 과정을 주목해야 합니다.

사람이 보이고, 그리고 나무 같은 것이 보이고
이에 다시 안수하시므로 모든 것을 밝히 보게 되는 과정을 보아
우리의 영적인 눈이 열리고, 성숙되는 과정을 보는 것 같습니다.
거듭난 성도들에게는 지속적인 주님의 보살핌이 필요합니다.
그래서 그리스도의 장성한 분량에 이르기까지 자라는 것입니다.

3. "실로암 못에 가서 씻으라."

맹인 치유의 과정을 가장 구체적으로 설명하는 실로암의 기사는
땅에 침을 뱉아 진흙을 눈에 바르시고(요 9:6)
'보냄을 받았다'는 의미를 가진 실로암으로 보내시므로
순종함으로 가서 씻게 되자 밝히 보게 되었다는 이야기입니다.
무엇보다 눈이 밝아지자 주를 메시아로 고백하였다는 것입니다.

누구의 죄로 앞을 보지 못하느냐는 제자들의 질문에서
하나님의 일을 나타내시려 하신다(요 9:3)는 주님의 대답!
그리고 치유 받은 결과에 대한 쟁론을 통하여
하나님의 하나님 되심과 그리스도의 주 되심이 증거됩니다.
궁극적인 기적과 표적의 목적이 무엇인지를 교훈합니다.

디매오의 아들 맹인 바디매오!

예수께서 여리고로 지나가실 때의 기사인 이 이야기는
디매오의 아들 바디매오가 소리를 지르며 시작됩니다.
"다윗의 자손 예수여 나를 불쌍히 여기소서."(막 10:47)
많은 사람들이 꾸짖어 잠잠하라고 하였으나
그는 더욱 소리 질러 외칩니다.

주님은 가시던 발걸음을 멈추십니다.
"그를 부르라."(막 10:49)
거지의 상징은 겉옷입니다.
그런데 겉옷을 내버리고 뛰어 일어나 달려갑니다.
"네게 무엇을 하여 주기를 원하느냐?"(막 10:51)

"보기를 원한다."는 맹인에게
"가라 네 믿음이 너를 구원하였느니라."(막 10:52)고 선언합니다.
그가 곧 보게 되었습니다.
예수를 길에서 따르게 됩니다.
말씀을 사랑하는 자에게는 장애물이 없습니다(시 119:165).

영육 간에 눈이 어두운 자들의 눈을 뜨게 하소서!

1. 우리의 눈을 열어주소서!

1) 육신의 건강으로 성경과 세상을 바로 알고 보게 하소서!
2) 영의 눈을 열어주셔서 진리의 말씀 위에 바로 서게 하시고
3) 영원한 진리를 바라보는 신령한 눈으로 열어주소서!

2. 믿음으로 주를 고백하게 하소서!

1) 우리의 눈을 밝히시고 믿음 주시는 주이심을 고백합니다.
2) 믿고 따르며, 고백하고 부르짖는 저희들이 되게 하여 주셔서
3) 기도마다 응답을 받고 주의 주 되심을 증거하게 하소서!

3. 나날이 성장하므로 온전한 구원을 이루게 하소서!

1) 정직하고 성실함으로 성장에 장애물이 없게 하시고
2) 바디매오처럼 부르짖고 따르는 용기를 가지게 하시고
3) 온전한 구원을 위하여 나 자신까지도 헌신하게 하소서!

20과

그 아홉은 어디에 있느냐?

누가복음 17:11-19

11 예수께서 예루살렘으로 가실 때에 사마리아와 갈릴리 사이로 지나가시다가

12 한 마을에 들어가시니 나병환자 열 명이 예수를 만나 멀리 서서

13 소리를 높여 이르되 예수 선생님이여 우리를 불쌍히 여기소서 하거늘

14 보시고 이르시되 가서 제사장들에게 너희 몸을 보이라 하셨더니 그들이 가다가 깨끗함을 받은지라

15 그 중의 한 사람이 자기가 나은 것을 보고 큰 소리로 하나님께 영광을 돌리며 돌아와

16 예수의 발 아래에 엎드리어 감사하니 그는 사마리아 사람이라

17 예수께서 대답하여 이르시되 열 사람이 다 깨끗함을 받지 아니하였느냐 그 아홉은 어디 있느냐

18 이 이방인 외에는 하나님께 영광을 돌리러 돌아온 자가 없느냐 하시고

19 그에게 이르시되 일어나 가라 네 믿음이 너를 구원하였느니라 하시더라

누구의 이야기일까요?

흔히 이스라엘 백성들을 나무랍니다.

너무하다고 합니다.

그만한 복을 받고 은혜를 받았으면 정신을 차려야지!

과연 그들의 이야기가 남의 이야기일까요?

우리들의 이야기가 아닌지 돌아보아야 합니다.

'부르짖음 – 응답 – 배신 – 징계'의 사이클은

사사기에만 나타나는 현상이 아니라는 것입니다.

나병 환자 열 명이 부르짖습니다.

주님은 그들의 간구를 들어주셨습니다.

응답을 받고 돌아와 감사한 자는 한 사람뿐입니다.

아직 제사장에게 가기도 전에 이미 나았습니다.

"그들이 가다가 깨끗함을 받은지라."(눅 17:14)

모두 나음을 입었으나 돌아온 자는 사마리아 사람입니다.

"열 사람이 다 깨끗함을 받지 않았으냐

그 아홉은 어디 있느냐?"(눅 17:17)

1. 간절한 소망으로 부르짖는 사람들

예수님의 말씀으로 미루어 짐작하건대

아홉은 유대인, 한 사람은 사마리아인으로 보입니다.

그러나 그들은 동병상련(同病相憐)의 나병 환자입니다.

같은 시간, 같은 자리에서 예수님을 만났습니다.

그리고 같이 부르짖었습니다.

"가서 제사장들에게 너희 몸을 보이라."(눅 17:14)

그런데 가다가 그들 모두 깨끗함을 받았습니다.

같은 병을 앓고 있던 이들인지라 함께 기도하였고

다 같이 함께 응답을 받았습니다.

그들의 간절함이 응답의 결과로 나타났습니다.

2. 돌아온 한 사람, 그는 이방인!

어려울 때 부르짖는 것은 누구나 하는 일입니다.

그러나 응답 받은 후에 감사하는 사람은 흔치 않습니다.

어른들은 들어갈 때와 나올 때가 다른 것을

안타깝게도 화장실에 비유하였습니다만

고귀한 우리의 신앙이 그래서야 되겠느냐는 뜻일 것입니다.

누구든 효도를 다했다고 하면 그보다 불효막심한 자가 없고
은혜를 다 갚았노라고 하는 자가 배은망덕한 자라고 했는데
효도를 다하지 못하고 은혜를 다 갚지 못해도
불효막심하거나 배은망덕한 죄는 짓지 않아야 할 것입니다.
최소한의 예의가 감사가 아닌지 다시 한번 생각해 봅시다.

3. 주님 앞에 나만이라도

우리의 판단이나 가치기준은 세상이 아닙니다.
누구든 다른 사람들도 다 그렇게 하더라고 이야기합니다.
열 명 중 아홉이라면 90% 이상입니다.
시류와 세상을 좇으면 하나님을 기쁘시게 할 수 없습니다.
바로 하나님을 기쁘시게 하는 바로 그 한 사람이 내가 되어야 합니다.

돌아온 그는 이방인이었습니다.
오히려 유대인들이 경멸하는 사마리아인입니다.
"자기가 나은 것을 보고 큰 소리로 하나님께 영광을 돌리며
돌아와 예수의 발 아래에 엎드리어 감사하니"(눅 17:15, 16)
그래서 이 사람은 놀라운 구원의 자리로 들어가게 됩니다.

은혜와 표적에도 마침표가 있습니다.

최초의 기적을 갈릴리 가나의 혼인집에서 행하신 것도
여리고 도상의 맹인 바디매오가 보게 된 것도
더구나 질병을 고치시고 귀신을 내어 쫓으신 것도
모두 목적과 이유가 있었습니다.
하나님의 자비하심과 사랑의 표적이었습니다.

안타깝게도 나병은 치유를 받았지만
감사가 없었던 아홉 명은 구원 기록을 찾아볼 수 없습니다.
육신의 치료는 받았으나 영혼의 구원을 받지 못했다는 말입니다.
그러나 돌아온 이 한 사람에게 분명하게 선언하십니다.
"일어나 가라 네 믿음이 너를 구원하였느니라."(눅 17:19)

구원과 은총의 표적을 나의 것으로 삼아야 합니다.
주님의 선언이 분명합니다.
"내 사랑하는 아들", "구원을 받았느니라.", "너는 내 것이라."
마침표는 나에게 있음을 분명히 해야 합니다.
그것이 바로 '감사'이자 '아멘'임을 잊지 않아야 합니다.

연약한 중에도
범사에 감사함으로 기도하게 하소서!

1. 연약한 저희들을 치유하여 주소서!

1) 우리의 육신을 강건하게 하시고 모든 질병을 고쳐주소서!
2) 병든 나라와 사회를 고쳐주셔서 밝고 맑은 세상이 되게 하소서!
3) 오염된 세계를 구해주시고, 전쟁이 없는 세상이 오게 하소서!

2. 성령님의 도움에 힘입어 언제나 승리하게 하소서!

1) 세상을 원망하거나 탓하는 일이 없게 하시고
2) 언제나 주님만 바라보는 저희들이 되게 하여 주시며
3) 간절한 마음으로 부르짖어 기도하게 하소서!

3. 주님께 순종하며 모든 영광을 하나님께 돌리게 하소서!

1) 베푸신 은혜와 표적을 바로 깨닫게 하시고
2) 범사에 감사하며, 항상 기쁨으로 충만하게 하소서!
3) 아멘과 순종으로 온전한 구원을 이루는 저희들이 되게 하소서!

21과

무시, 그리고 거절의 장벽을 뚫고

마태복음 15:21-28

21 예수께서 거기서 나가사 두로와 시돈 지방으로 들어가시니

22 가나안 여자 하나가 그 지경에서 나와서 소리 질러 이르되 주 다윗의 자손이여 나를 불쌍히 여기소서 내 딸이 흉악하게 귀신 들렸나이다 하되

23 예수는 한 말씀도 대답하지 아니하시니 제자들이 와서 청하여 말하되 그 여자가 우리 뒤에서 소리를 지르오니 그를 보내소서

24 예수께서 대답하여 이르시되 나는 이스라엘 집의 잃어버린 양 외에는 다른 데로 보내심을 받지 아니하였노라 하시니

25 여자가 와서 예수께 절하며 이르되 주여 저를 도우소서

26 대답하여 이르시되 자녀의 떡을 취하여 개들에게 던짐이 마땅하지 아니하니라

27 여자가 이르되 주여 옳소이다마는 개들도 제 주인의 상에서 떨어지는 부스러기를 먹나이다 하니

28 이에 예수께서 대답하여 이르시되 여자여 네 믿음이 크도다 네 소원대로 되리라 하시니 그때로부터 그의 딸이 나으니라

난관을 이겨야 합니다.

쉬운 일이 없습니다.
소문을 듣고 찾아갔는데
주님은 침묵하셨습니다.
제자들은 물리치라고 종용합니다.
민족적인 차별은 그 도를 넘은 것처럼 보입니다.

그러나 여인은 인내합니다.
끝까지 간구합니다.
겸손의 도가 지나칩니다.
결국은 소원을 성취합니다.
"여자여 네 믿음이 크도다 네 소원대로 되리라."(마 15:28).

예수님의 침묵과 가혹한 말씀도
주께서 뜻하시는 목적이 있었습니다.
모욕과 무시를 개의치 아니하고
끝까지 간구하는 여인의 자세도 마찬가지입니다.
포기보다 더 무서운 실패는 없습니다.

1. 포기를 모르는 가나안 여인의 부르짖음

게네사렛 땅에서 장로들의 전통으로 논쟁을 해야 했던 주님은
입으로 들어오는 것보다 나오는 것을 주의하라고 하시며
두로와 시돈 지방으로 들어가셨습니다.
장로들과 대비가 되는 가나안 여인이 등장합니다.
"그 여자는 헬라인이요 수로보니게 족속이라."(막 7:26).

마가는 이 여인이 와서 주님의 발 아래 엎드린 것으로,
마태는 소리를 지르며 따른 것으로 표현합니다.
"주 다윗의 자손이여!
나를 불쌍히 여기소서!
내 딸이 흉악하게 귀신이 들렸나이다."(마 15:22)

2. 침묵과 거절

주님은 침묵하셨습니다.
제자들은 그를 보내라고 청합니다.
"나는 이스라엘 집의 잃어버린 양 외에는
다른 데로 보내심을 받지 아니하였노라."(마 15:24)
무시와 거절 정도가 아니라 폭언을 하셨습니다.

"자녀의 떡을 취하여 개들에게 던짐이
마땅하지 아니하니라."(마 15:26)
이보다 무서운 폭언이 있었을까요?
"주여 옳소이다마는 개들도 제 주인의 상에서 떨어지는
부스러기를 먹나이다."(마 15:27)
바로 이 여인의 믿음과 고백이 놀라운 역사로 나타납니다.

3. 수로보니게 여인의 믿음을 본받아야 한다.

이 믿음이 어머니의 신앙입니다.
모욕과 수치보다는 자녀에 대한 사랑이 더 간절하기 때문입니다.
이 믿음이 인내의 신앙입니다.
무시와 천대와 멸시에도 참고 인내한 여인입니다.
개라고 하는 저주에도 엎드리는 겸손의 신앙입니다.

이스라엘에서도 찾을 수 없는 본받을 만한 믿음입니다.
불쌍히 여겨 달라는 겸손도 그렇지만
부스러기 은혜라도 허락해 주실 것을 간구하는 믿음입니다.
발 앞에 엎드려 호소하는 믿음을 본받아야 하지만
끝까지 포기하지 않는 신앙을 잊지 맙시다.

아무리 강조해도 지나침이 없는 기도의 자세

그렇습니다. 믿고 기도해야 합니다.
분명히 응답해 주시리라는 믿음이 있었음을 보아야 합니다.
"다윗의 자손이여!" 하고 부르짖는 그의 고백부터가 범상치 않습니다.
진정한 신앙 없이는 이렇게 고백할 수가 없습니다.
진심으로 간구하면 반드시 응답이 따르게 됩니다.

침묵이 기도의 응답일 수도 있습니다.
때때로 보류하시기도 합니다.
냉정하게 거절을 당했다고 생각될 때도 있습니다.
오히려 저주를 받고 핍박을 당하고 어려움을 겪기도 합니다.
그러나 우리의 기도는 하나님께 열납이 되고 있습니다.

우리가 의지하는 예수님이 누구이신지를 분명히 하십시오.
말할 수 없는 탄식으로 우리의 기도를 도우시는 성령님(롬 8:26).
무엇이든 원하는 대로 구하면 주신다는 교훈(요 15:7)을 기억합시다.
이방 여인의 간구를 들으신 주님은
우리들을 적자로 삼으시고 이 아름다운 교훈을 주셨습니다.

민족적 차별로
어려움을 겪는 자들을 치유하소서!

1. 저희들의 연약한 믿음을 불쌍히 여기소서!

1) 예수 그리스도에 대한 분명한 믿음의 고백이 있게 하시고
2) 가나안 여인과 같은 분명한 확신으로 기도하게 하시고
3) 거절을 당하고 무시당할지라도 주님만 바라보게 하소서!

2. 민족적인 차별로 고난당하는 이웃이 있습니다.

1) 한국에 사는 이주민들이 차별을 당하는 일이 없게 하시고
2) 그들이 정착하는 데 어려움이 없게 하시고
3) 모든 난관을 극복하는 하늘의 복으로 충만하게 하소서!

3. 우리나라와 세계 열방이 큰 고통 중에 있습니다.

1) 정치나 경제적인 무질서로부터 해방되는 역사가 있게 하시고
2) 공해와 오염으로 인한 생명을 잃어가는 지구가 회복되게 하시고
3) 전쟁과 고통이 없는 평화로운 세계 열방이 되게 하소서!

22과

에바다

마가복음 7:31-37

31 예수께서 다시 두로 지방에서 나와 시돈을 지나고 데가볼리 지방을 통과하여 갈릴리 호수에 이르시매

32 사람들이 귀 먹고 말 더듬는 자를 데리고 예수께 나아와 안수하여 주시기를 간구하거늘

33 예수께서 그 사람을 따로 데리고 무리를 떠나사 손가락을 그의 양 귀에 넣고 침을 뱉어 그의 혀에 손을 대시며

34 하늘을 우러러 탄식하시며 그에게 이르시되 에바다 하시니 이는 열리라는 뜻이라

35 그의 귀가 열리고 혀가 맺힌 것이 곧 풀려 말이 분명하여졌더라

36 예수께서 그들에게 경고하사 아무에게도 이르지 말라 하시되 경고하실수록 그들이 더욱 널리 전파하니

37 사람들이 심히 놀라 이르되 그가 모든 것을 잘하였도다 못 듣는 사람도 듣게 하고 말 못하는 사람도 말하게 한다 하니라

다시 갈릴리로

국경을 넘어 아무도 모르게 두로 지방에 가셨으나
오히려 숨길 수가 없었습니다.
수로보니게 여인의 더러운 귀신들린 딸을 고쳐주시고
예수님은 다시 두로와 시돈, 데가볼리를 지나서
갈릴리 호수에 이르렀습니다.

사람이 사는 곳이라면 어디든 문제는 있습니다.
그래서 주님은 쉬실 겨를도 없었습니다.
사람들이 귀먹고, 말더듬는 자를 데리고 왔습니다.
이번에는 그 사람을 따로 데리고 가셨습니다.
무리를 떠나셔서 그를 고치십니다.

손가락을 양 귀에 넣고
침을 뱉어 그의 혀에 손을 대시며
하늘을 우러러 탄식하시며
"에바다!"(열려라) 하고 소리치셨습니다.
귀가 열리고 혀가 맺힌 것이 곧 풀렸습니다.

1. 일대일의 만남

주님 자신도 조용한 곳을 원하시는 분이셨습니다.
한적한 곳에서 습관을 좇아 기도하기도 하시고(막 1:35)
한적한 곳에 가서 잠깐 쉬라고도 하셨습니다(막 6:31).
그러나 오늘 본문은 귀먹고 어눌한 자를 따로 데려가십니다.
그리고 치유를 위한 특별한 방법으로 사용하셨습니다.

귀가 열리는 일이라 조용한 곳이어야 할 수도 있고
주의를 집중해야 할 이유가 있어서 그럴 수도 있습니다.
굳이 능력 행하심을 공개할 필요가 없기 때문일 수도 있지만
분명한 것은 환자와 더욱 친근하게 접근하셨을 뿐 아니라
더욱 더 진지하게 대하기 위한 것임을 부인할 수 없습니다.

2. 긍휼이 여기시는 심정으로

대개 네 믿음대로 되리라고 말씀하시던 주님이
직접 환자에게 손을 대시고 손가락을 귀에 넣으시고
심지어 침까지 뱉으시고, 혀에 손을 대시고 하시는 것은
그만큼 친근하게 접근하신 것도 사실이지만
사실은 긍휼이 여기시는 마음의 표현이 아닐까요?

그리고 하늘을 우러러 탄식하신 것은
이 환자를 위한 간절한 마음과 애정의 표현이 분명합니다.
더구나 같은 심정이 되어 탄식을 하셨으며
기도의 대상이 아버지 하나님이심을 동시에 강조합니다.
환자의 마음을 대신하여 토로하시는 바로 그 모습인 것입니다.

3. 문제의 본질은 단순한 육체가 아니다.

대개 벙어리가 될 수밖에 없는 것은 들리지 않기 때문입니다.
그런데 본문의 병자는 말이 어눌했습니다.
귀만 열린다고 해결될 문제가 아닙니다.
그래서 동시에 이 문제를 해결하십니다.
영적인 깊은 부르짖음이었음을 잊지 않아야 합니다.

'탄식하셨다'는 말의 의미는 '신음하다'(groan)입니다.
하늘을 우러러 기도하시되 탄식 중에도 '깊은 탄식'이었습니다.
이 사람의 답답한 마음을 대신 털어놓으시며 외치신 것입니다.
귀가 열리고, 혀의 맺힌 것이 풀렸습니다.
모든 것이 더욱 분명해졌습니다.

맺힌 것이 풀려야 합니다.

닫힌 것이 열려야 합니다.

에바다!

귀와 입만 열리는 것이 아니라

눈이 열려 영안이 밝아지고

마음이 열려 맺힌 것이 풀려야 합니다.

동양에서는 혈이 막혔다고 합니다.

육신적으로 막힌 것이 풀린다고 해결되는 것이 아닙니다.

단순히 정신적이거나 마음의 문제만도 아닙니다.

하늘을 우러러 탄식하셨습니다.

하나님과의 관계가 열리고 회복되어야 합니다.

인간적인 관계도 마찬가지입니다.

영적인 소통이 이루어져야 합니다.

무더위나 추위로 관계가 두절되고, 교통이 마비될 수 있습니다.

환경적인 요인이 원인일 수도 있습니다.

그러나 먼저 하나님과 소통이 되면 모든 것이 원활해질 것입니다.

한 맺힌 자들의 고통을 치유하여 주소서!

1. 한 맺힌 자들의 연약함을 불쌍히 여기소서!

1) 예수 그리스도에 대한 분명한 믿음의 고백이 있게 하시고
2) 가나안 여인과 같은 분명한 확신으로 기도하게 하시고
3) 귀가 열리고 혀가 풀리는 역사가 있게 하소서!

2. 어려운 성도들이 우리 주위에는 너무나 많습니다.

1) 저들이 먼저 믿음을 가짐으로 큰 구원에 이르게 하시고
2) 모든 난관이 극복되어지고 모든 질병이 치유되게 하시며
3) 장애인들이 고통을 당하지 않는 세상이 되게 하소서!

3. 억울한 일을 당하여 한 맺힌 삶을 사는 사람들도 있습니다.

1) 시원시원한 은총으로 한을 품고 사는 사람들이 없게 하시고
2) 교회의 영적 담장이 허물어져 누구에게나 영적 소통이 원활하며
3) 거룩한 하나님의 나라가 이 땅에 속히 임하게 하소서!

23과

변화산의 호라마(ὅραμα)

마태복음 17:1-13

1 엿새 후에 예수께서 베드로와 야고보와 그 형제 요한을 데리시고 따로 높은 산에 올라가셨더니

2 그들 앞에서 변형되사 그 얼굴이 해 같이 빛나며 옷이 빛과 같이 희어졌더라

3 그때에 모세와 엘리야가 예수와 더불어 말하는 것이 그들에게 보이거늘

4 베드로가 예수께 여쭈어 이르되 주여 우리가 여기 있는 것이 좋사오니 만일 주께서 원하시면 내가 여기서 초막 셋을 짓되 하나는 주님을 위하여, 하나는 모세를 위하여, 하나는 엘리야를 위하여 하리이다

5 말할 때에 홀연히 빛난 구름이 그들을 덮으며 구름 속에서 소리가 나서 이르시되 이는 내 사랑하는 아들이요 내 기뻐하는 자니 너희는 그의 말을 들으라 하시는지라

6 제자들이 듣고 엎드려 심히 두려워하니

7 예수께서 나아와 그들에게 손을 대시며 이르시되 일어나라 두려워하지 말라 하시니

8 제자들이 눈을 들고 보매 오직 예수 외에는 아무도 보이지 아니하더라

9 그들이 산에서 내려올 때에 예수께서 명하여 이르시되 인자가 죽은 자 가운데서 살아나기 전에는 본 것을 아무에게도 이르지 말라 하시니

10 제자들이 물어 이르되 그러면 어찌하여 서기관들이 엘리야가 먼저 와야 하리라 하나이까

11 예수께서 대답하여 이르시되 엘리야가 과연 먼저 와서 모든 일을 회복하리라

12 내가 너희에게 말하노니 엘리야가 이미 왔으되 사람들이 알지 못하고 임의로 대우하였도다 인자도 이와 같이 그들에게 고난을 받으리라 하시니

13 그제서야 제자들이 예수께서 말씀하신 것이 세례 요한인 줄을 깨달으니라

변화산의 위치

성지 순례 중에 므깃도 언덕에 오른 적이 있습니다.
안내자가 이스르엘 평원 북쪽을 손가락으로 가리켰습니다.
"다볼산이라 부르는 저 산이 바로 성경의 변화산입니다.
모든 것을 다 보여주셨다고 해서 오늘날 다볼산이라고 부릅니다."
설명이 그럴듯해서 고개를 끄덕였으나 제 생각은 달랐습니다.

지금까지 헐몬산을 변화산이라고 가르쳐왔기 때문입니다.
예수님이 제자들을 데리시고 북쪽 가이사랴 지방으로 가셨고
거기에서 제자들로 하여금 신앙을 고백하게 하셨습니다.
"주는 그리스도시요 살아 계신 하나님의 아들이시니이다."(마 16:16).
이러한 고백은 수련회를 통하여 나올 수 있는 내용이 아닐까요?

이어지는 17장은 엿새 후라는 단서가 붙어있지만
아직도 피서지인 북쪽에서 베드로와 야고보와 요한을 데리시고
만년설이 가득한 헬몬산에 올라 하늘나라를 보여주신 것 같았는데
성지를 안내하는 가이드의 설명은 두고두고 잊을 수가 없습니다.
'다 보여 주신 다볼산이 변화산'이라는 이야기를 말입니다.

1. 어떤 장면을 보여주셨는가?

말 그대로 변화된 모습입니다.

"그들 앞에서 변형되사 그 얼굴이 해 같이 빛나며

옷이 빛과 같이 희어졌더라."(마 17:2)

모세와 엘리야가 예수님과 말씀을 나누며

황홀한 그 광경을 본 베드로가 소리칩니다.

"주여 우리가 여기 있는 것이 좋사오니 만일 주께서 원하시면

내가 여기서 초막 셋을 짓되 하나는 주님을 위하여,

하나는 모세를 위하여, 하나는 엘리야를 위하여 하리이다."(마 17:4)

베드로 자신은 풀밭에 그냥 누워 자도 좋다는 말입니다.

그때에 홀연히 빛난 구름이 그들을 덮었고

구름 속에서 음성이 들렸습니다.

2. 먼저 본 천국! 이것이 바로 '호라마'(Vision)다.

'하나님의 나라'는 '주님의 나라'라는 뜻입니다.

"이는 내 사랑하는 아들이요 내 기뻐하는 자니

너희는 그의 말을 들으라."(마 17:5)

두려워하며 엎드린 제자들에게 다가오신 예수님은

손을 대시며 **"일어나라, 두려워하지 말라!"**(마 17:7)고 하셨습니다.

제자들이 눈을 들어 보매 예수 외에는 아무도 보이지 않았습니다.
산에서 내려오시며 주께서 말씀하셨습니다.
"인자가 죽은 자 가운데서 살아나기 전에는
본 것(ὅραμα)을 아무에게도 이르지 말라."(마 17:9)
호라마는 'Vision'으로, 한글로는 '꿈, 환상, 소망'으로 번역합니다.

3. 이 일로 인하여 제자들은 …

신령한 하나님의 나라를 체험하게 되었습니다.
말로만 듣던 하나님 나라를 실제적인 '호라마'로 보게 되었습니다.
믿음이 더욱 굳건해지는 계기가 되었고
주님 승천 이후에 두고두고 사명 감당함에 힘이 되었을 것입니다.
더구나 그들은 베드로와 야고보와 요한이었습니다.

전설처럼 들어왔던 모세와 엘리야도 만나고
예수님이 중심이 되는 장차 이루어질 하나님 나라도 보았습니다.
분명한 이적적인 기사요, 놀라운 경험이었습니다.
가끔은 천국을 보았다는 입신 자들의 간증을 듣습니다.
이 신비한 경험은 마가(9:2-13)와 누가(9:28-36)도 소개하고 있습니다.

세상에 높이 들린 교회가 변화산이다.

성도들이라면 누구나 경험해야 할 산이 변화산입니다.
이 체험이 능력이 되고 힘이 되기 때문입니다.
장차 이루어질 천국의 모습이기 때문입니다.
너무나 신비한 나머지 "여기가 좋사오니"가 되어야 합니다.
신령한 기쁨으로 충만한 교회가 되어야 합니다.

진정으로 기도하는 자가 겪게 되는 체험입니다.
진지하게 예배에 참여하는 자가 보게 되는 환상입니다.
말씀을 통하여 율법(모세)과 예언(엘리야)에 참여하므로
오직 예수만을 보며, 구름 속에서 들리는 하나님의 음성을 듣고
신령한 빛 속에서 천국의 기쁨을 누리게 됩니다.

가이사랴 빌립보의 수련회가 끝나갈 무렵이었을 것입니다.
제자들의 믿음을 굳건히 해 주어야 할 때였으나
모두는 아니었습니다.
주님의 고난과 십자가에 대한 예언에 주눅이 든 제자들처럼
낙심하고 힘들어하는 성도들에게 확신을 주시기 위하여
우리들에게 변화산의 호라마를 보여주고 싶어 하시는
주님이셨습니다.

꿈을 잃은 자들이 비전을 가지게 하소서!

1. 주님에 대한 바른 신앙을 고백하게 하소서!

1) 주는 그리스도이시며 하나님의 아들이심을 고백합니다.
2) 주님이 아니시면 구제를 받을 길이 없는 죄인임을 고백합니다.
3) 고치시고 변화시키시되 우리의 기도에 응답하소서!

2. 꿈을 잃은 백성들에게 비전과 소망을 보게 하소서!

1) 소망을 잃어가는 세상 사람들에게 소망을 주시옵소서!
2) 낙심하고 있는 젊은이들에게 비전을 허락하여 주소서!
3) 새로운 세상을 향한 비전으로 새 힘을 얻게 하소서!

3. 교회와 가정과 나라가 아름다운 꿈을 가지게 하소서!

1) 변화산의 감격과 기쁨이 성도의 가정과 교회에 가득하게 하시고
2) 우리나라가 주께서 친히 다스리시는 하나님 나라가 되게 하시고
3) 믿음의 성도들이 하나님 나라를 이루어가는 주역들이 되게 하소서!

24과

물고기 입에서 동전이

마태복음 17:24-27

24 가버나움에 이르니 반 세겔 받는 자들이 베드로에게 나아와 이르되 너의 선생은 반 세겔을 내지 아니하느냐

25 이르되 내신다 하고 집에 들어가니 예수께서 먼저 이르시되 시몬아 네 생각은 어떠하냐 세상 임금들이 누구에게 관세와 국세를 받느냐 자기 아들에게냐 타인에게냐

26 베드로가 이르되 타인에게니이다 예수께서 이르시되 그렇다면 아들들은 세를 면하리라

27 그러나 우리가 그들이 실족하지 않게 하기 위하여 네가 바다에 가서 낚시를 던져 먼저 오르는 고기를 가져 입을 열면 돈 한 세겔을 얻을 것이니 가져다가 나와 너를 위하여 주라 하시니라

신앙인의 자진 납세

그리스도인에게 있어서도 세금 문제는 중요합니다.
예수님을 올무에 걸리게 할 방법을 상의하던 헤롯당원들은
가이사에게 세금을 바쳐야 하는가 라는 질문을 합니다.
"가이사의 것은 가이사에게, 하나님의 것은 하나님께 바치라."
예수님의 대답은 간단하면서도 단호했습니다(마 22:15-22).

천국의 시민권자들인 성도들은 세상 나라의 국민이기도 합니다.
바울은 세상 권세(나라)에 대한 자기의 소신을 분명하게 밝힙니다.
"모든 자에게 줄 것은 주되 조세를 받을 자에게 조세를 바치고
관세를 받을 자에게 관세를 바치고 두려워할 자를 두려워하며
존경할 자를 존경하라."(롬 13:7)

오늘 본문은 조세나 관세가 아니라 성전세에 대한 이야기입니다.
납세의 의무와 무관하신 예수님이 성전세를 자진 납부하셨습니다.
놀라운 일은 낚시에 걸린 물고기 입에서 동전이 나왔다는 것입니다.
이렇게라도 능력을 행하심으로
세금 납부의 정당성을 가르치셨습니다.
국민으로서, 성도로서, 단체나 회원으로서도
당연한 의무가 있습니다.

1. 그리스인들에게도 의무가 중요합니다.

땅의 나라에서도 국민에게 주어진 의무가 있습니다.
병역과 납세, 교육과 근로의 4대 의무가 그것입니다.
성도들에게도 속한 교회의 교인으로서의 의무가 있습니다.
주일성수(1/7), 헌금(1/10), 전도(1/100)와 봉사(1/1000)의 의무입니다.
오늘의 성도들도 이 문제에 대해 실족하는 일이 없도록 해야 합니다.

세상 임금들도 자기 아들에게는 세를 면하는 것임에도 불구하고
성전의 주인이신 주님이 세금을 내는 이유는 사람들을 위해서입니다.
"우리가 그들이 실족하지 않게 하기 위하여"(마 17:27).
구구한 이유나 변명으로 구실을 삼지 않았으면 좋겠습니다.
성도들에게도 주어진 책임이 있고, 의무가 있기 때문입니다.

2. 함께 일하는 자에게 주시는 특별한 혜택

하나님이신 예수님은 특별하신 분이십니다.
그러나 예수님에게 부름을 받은 자들도 특별한 사람들입니다.
이 같은 사람들에게는 책임과 의무 이전에 특별한 혜택이 있습니다.
"자유와 권리에 따르는 책임과 의무"('국민교육헌장' 중에서)입니다.
한 세겔을 얻으면 "나와 너를 위하여" 세금을 내라고 하셨습니다.

그리스도께서는 자신과 베드로의 세금을 함께 내라고 하셨습니다.
주와 함께 일하는 자가 받을 복이 아닌가 생각합니다.
성전에서 일하는 자들(교역자들이나 직원들)은 그 자체가 복이지만
직장생활과 함께 물질적인 혜택을 누리는 것이라 말해왔습니다.
그리스도와 함께 일하는 자는 그의 영광에도 참여할 수 있습니다.

3. 주님은 세상 모든 것을 아시고 주관하십니다.

호수에는 수많은 고기들이 살고 있습니다.
그 가운데서도 베드로의 낚시에 걸려든 고기가 있었습니다.
하필이면 그 고기의 입속에서 한 세겔의 동전이 나온 것입니다.
누가 그렇게 할 수 있으며, 누가 그것을 알 수 있을까요?
예수님, 우리 주 예수 그리스도만이 가능한 일입니다.

우리들에게는 우연일 수 있고, 기적이며, 놀라운 일이겠으나
주님은 나다나엘에게 간사함이 없음을 이미 알고 계셨으며(요 1:45)
무리 중에서 옷자락에 손을 댄 사람이 누군지도 아시는 분이십니다.
그분에게 선택을 받고 구원함을 얻은 사람이 우리들입니다.
순종해야 함이 당연하고, 정말 믿고 의지할 분이십니다.

천국 백성이라도 세상과 등지는 일은 없어야 합니다.

"가버나움에 이르니 반 세겔 받는 자들이 베드로에게 나아와"(마 17:24)
가버나움의 세리가 세금 문제를 거론한 것은 옳은 일입니다.
이에 대하여 주님은 오히려 본을 보여야 한다는 포용심으로
성전세는 당연한 것이라는 의무감을 오히려 강조하셨습니다.
납부하게 하셨습니다.
노블리스 오브리제(noblesse oblige)는 누구에게나 적용되는 말입니다.

주와 함께 길 가는 자의 행위가 주님과 관계가 있음을 알아야 합니다.
세상은 그리스도인의 모습을 보고 예수님을 평가합니다.
'하나님께 영광을 돌리는 삶'이란 어떤 것인가를 생각해야 합니다.
우리는 장차 주님께서 받으실 영광을 함께 받을 자이기 때문입니다.

그리스도의 바른 물질관도 마찬가지입니다.
모든 것이 그분의 손안에 있음을 바로 알고 깨달아야 합니다.
주인이신 그분의 뜻에 겸손하게 순종하면 놀라운 일이 일어납니다.
물고기의 입에서 한 세겔 동전이 나왔다는 자체가 기적입니다.
우리 일상적 삶이 그의 손안에 있음을 알고 고백하는 우리가 됩시다.

세상의 일로 인하여 상처받는 일이 없게 하소서!

1. 주의 백성으로서 세상에서도 본이 되는 삶을 살게 하소서!

1) 하나님의 영광을 세상에 드러내는 저희의 삶이 되게 하시고
2) 성도로서 마땅히 해야 할 일들을 소홀히 하지 않게 하시며
3) 교회를 통하여 세상의 빛과 소금되기에 부족함이 없게 하소서!

2. 주의 뜻을 이루어가는 주님의 거룩한 백성이 되게 하소서!

1) 믿음의 성도들이 서로 화목하게 하시고 하나가 되게 하시며
2) 서로 양보하며 도와주며 교회의 일이 나의 일임을 알게 하시고
3) 환경과 위기를 극복하고 다시 시작하는 회복의 역사가 있게 하소서!

3. 주님만을 믿고 의지함으로 놀라운 능력을 체험하게 하소서!

1) 만물의 주인이신 하나님을 바로 믿고 의지하는 저희가 되고
2) 가정과 교회, 나라와 민족을 위해 뜨겁게 기도하게 하시므로
3) 재난 중에도 상처받는 일 없이 놀라운 역사를 기대하게 하소서!

25과

안식일에 일어난 생명의 역사

누가복음 13:10-17

10 예수께서 안식일에 한 회당에서 가르치실 때에

11 열여덟 해 동안이나 귀신 들려 앓으며 꼬부라져 조금도 펴지 못하는 한 여자가 있더라

12 예수께서 보시고 불러 이르시되 여자여 네가 네 병에서 놓였다 하시고

13 안수하시니 여자가 곧 펴고 하나님께 영광을 돌리는지라

14 회당장이 예수께서 안식일에 병 고치시는 것을 분 내어 무리에게 이르되 일할 날이 엿새가 있으니 그동안에 와서 고침을 받을 것이요 안식일에는 하지 말 것이니라 하거늘

15 주께서 대답하여 이르시되 외식하는 자들아 너희가 각각 안식일에 자기의 소나 나귀를 외양간에서 풀어내어 이끌고 가서 물을 먹이지 아니하느냐

16 그러면 열여덟 해 동안 사탄에게 매인 바 된 이 아브라함의 딸을 안식일에 이 매임에서 푸는 것이 합당하지 아니하냐

17 예수께서 이 말씀을 하시매 모든 반대하는 자들은 부끄러워하고 온 무리는 그가 하시는 모든 영광스러운 일을 기뻐하니라

안식일에 회당에서

아직 교회가 생기기 전이라 회당이나 성전이 중요했습니다.
유대인들은 매 안식일마다 회당에서 모였습니다.
성전에서 하나님께 절기 때마다 제사를 지내야 하는 만큼
안식일에 회당에서 율법을 배우는 일도 중요했습니다.
그러나 교회는 성전(예배)+회당(교육)의 기능을 가집니다.

예수님께서도 예루살렘에 가시면 성전에 들어가셨지만
안식일에는 반드시 회당에 들어가셨습니다.
안식일에 한 회당에서 가르치실 때에 한 여인을 보셨습니다.
귀신들려 앓으며 18년 동안 허리를 펴지 못하는 여인이었습니다.
그냥 보실 수가 없어 안수하시므로 여인을 고치셨습니다.

회당장이 이를 보고 몹시 못마땅하게 여겼습니다.
오히려 회당장이 사탄의 속삭임에 걸려든 것 같습니다.
나머지 6일도 있는데 왜 안식일이냐고 분을 내는 것 보십시오.
소나 나귀를 외양간에서 끌어내어 물을 먹이는 안식일인데
18년이나 사탄에게 매인 아브라함의 딸을 풀어야 하지 않을까요?

1. 당연히 고침을 받을 만한 여인이었습니다.

중요한 것은 주께서 보시고 불러서 안수하셨습니다.
“여자여 네가 네 병에서 놓였다.”고 선언하셨습니다(눅 13:12).
물론 예수님도 이 여인을 “아브라함의 딸”이라 부르셨습니다.
더구나 18년 동안이나 귀신에 잡혀 앓고 있었습니다.
이러한 처지를 아시는 주께서 그냥 돌려보내실 수 없었습니다.

더구나 이러한 상황 중에도 안식일을 지키는 여인입니다.
대부분 오랜 기간 고통을 당하면 포기하거나 낙심합니다.
그러나 이 여인은 모든 어려움도 감수하고 회당으로 나왔습니다.
예배자의 분명한 자세가 그의 고백을 통해 알 수 있습니다.
“안수하시니 여자가 곧 펴고 하나님께 영광을 돌리는지라.”(눅 13:13)

2. 꼬부라져 조금도 펴지 못했다는 것은?

죄악 가운데 거하는 우리들의 모습이 아닌가 생각합니다.
더구나 ‘귀신에 들려 앓는’ 상태가 더욱 이를 대변합니다.
물론 허리가 꼬부라져 함부로 위를 쳐다보기도 어렵습니다.
이러한 상태로 무려 18년이나 지났다는 것을 생각해 봅시다.
이러한 고통으로부터의 해방과 자유가 필요했습니다.

더구나 안식일에 회당에 나온 여인이라면 더욱 그렇습니다.
회당에 나왔다고 하더라도 예수님을 만나야 합니다.
안식일은 모든 고통과 어려움을 이기고 승리하는 날입니다.
우리는 안식일을 주께서 부활하신 주일의 그림자로 봅니다.
허리를 펴는 새 생명의 역사가 시작되는 주일이기 때문입니다.

3. 생명의 역사는 법의 문제를 초월합니다.

세상의 법은 인간을 위해 존재합니다.
법이라고 해도 사람의 생명을 해할 수 없습니다.
하나님께서 주신 법은 생명의 법이고, 의로운 법입니다.
그러므로 어떠한 경우에도 불법을 용납할 수는 없습니다.
지금 논쟁은 준법이냐? 범법이냐? 하는 논쟁입니다.

안식일의 주인이신 예수님은 생명의 법을 선포하십니다.
안식일에도 소나 나귀에 대한 자비를 말씀하고 계십니다.
더구나 사람은 소나 나귀와 존귀한 존재임을 분명히 하십니다.
더구나 아브라함의 딸인즉 더 말할 나위가 없습니다.
지금도 기도를 들으시고 치유해 주시는 우리 주님이십니다.

어려움 중에도 지켜야 할 법이 무엇인지 분별합니다.

우리는 코로나 팬데믹을 통하여 겪었습니다.
무엇보다 영적인 갈급함으로 말씀을 사모하였습니다.
무엇보다 하나님의 자녀들이기에 예배를 그리워하였습니다.
그래서 영상으로도 예배를 드리고 온라인으로 헌금을 드렸습니다.
그러나 정말 사랑하는 것은 주님의 몸 된 교회였습니다,

구부러진 몸으로 어쩌면 진정한 예배의식도 없이
회당을 드나들며 뜰만 밟고 다닌 여인이었는지도 모릅니다.
그러나 그녀는 아브라함의 후손인 믿음의 딸이었습니다.
주님은 귀신 들려 고통 당하는 것을 그냥 보실 수가 없었습니다.
잊지 맙시다. 안식일과 회당, 의지할 분은 오직 주님밖에 없습니다.

치유와 생명의 역사는 지금도 계속되고 있습니다.
예배와 기도와 찬송은 앞에 바로 서는 인간의 고백입니다.
우리의 주님은 예배와 찬송을 받으시고 기도에 응답하십니다.
소원을 아뢰고 간구하는 이에게 주실 능력은
의심의 여지가 없습니다.
법만 따지지 말고 주시는 복을 충만히 받는 성도들 되시기 바랍니다.

뒤엉킨 세상 제도로 인해 고통받는 자들을 치유하소서!

1. 먼저 우리 자신을 돌아보며 회개의 기도를 드립니다.

1) 모든 문제의 원인이 우리 자신에게 있음을 알고 회개합니다.
2) 성전 뜰만 밟는 사람이 아니라 온전히 믿음으로 순종하게 하소서!
3) 안 된다는 고정관념을 버리고 말씀만 따르는 저희들 되게 하소서!

2. 낙심하거나 좌절하지 않게 하소서!

1) 세상을 보고 낙심하고나 좌절하는 일이 없게 하소서!
2) 혹시 18년 이상의 세월이 지났다고 해도 포기하지 않게 하시고
3) 꾸준하게 주를 섬기며 교회를 사랑하는 저희들이 되게 하소서!

3. 치유와 생명, 모든 것을 고쳐주심을 믿고 기도합니다.

1) 우리의 마음과 생각을 고치심으로 생명의 역사를 체험케 하소서!
2) 육신의 질병과 연약함을 나사렛 예수의 이름으로 고쳐주소서!
3) 뒤엉킨 세상과 무질서한 나라와 민족을 새롭게 하여 주시옵소서!

26과

죽은 나사로가 살아났다네!

요한복음 11:39-44

39 예수께서 이르시되 돌을 옮겨 놓으라 하시니 그 죽은 자의 누이 마르다가 이르되 주여 죽은 지가 나흘이 되었으매 벌써 냄새가 나나이다

40 예수께서 이르시되 내 말이 네가 믿으면 하나님의 영광을 보리라 하지 아니하였느냐 하시니

41 돌을 옮겨 놓으니 예수께서 눈을 들어 우러러 보시고 이르시되 아버지여 내 말을 들으신 것을 감사하나이다

42 항상 내 말을 들으시는 줄을 내가 알았나이다 그러나 이 말씀 하옵는 것은 둘러선 무리를 위함이니 곧 아버지께서 나를 보내신 것을 그들로 믿게 하려 함이니이다

43 이 말씀을 하시고 큰 소리로 나사로야 나오라 부르시니

44 죽은 자가 수족을 베로 동인 채로 나오는데 그 얼굴은 수건에 싸였더라 예수께서 이르시되 풀어 놓아 다니게 하라 하시니라

마르다의 믿음과 고백을 확인합니다.

오라버니의 장사가 다 끝난 후에야 예수님이 오셨습니다.
예수님은 "네 오라비가 살아나리라."고 말씀하시자(요 11:23)
"마지막 날 부활 때에는 다시 살아날 줄을 내가 아나이다."(요 11;24).
마르다의 대답도 당당하지만 그녀의 ① 부활 신앙도 분명합니다.
뿐만 아니라 그녀의 ② 신앙고백도 확실합니다(요 11:25-26).

"나는 부활이요 생명이니 나를 믿는 자는 죽어도 살겠고
무릇 살아서 나를 믿는 자는 영원히 죽지 아니하리니
이것을 네가 믿느냐?"(요 11:25, 26)
마르다의 대답은 마태의 고백이나(마 16:16)
도마의 대답보다(요 20:28) 더욱 분명하고 확실합니다.
"주는 그리스도시요 세상에 오시는 하나님의 아들이신 줄
내가 믿나이다."(요 11:27)

그러나 이러한 믿음의 고백이 ③ 삶의 현장에서는 흔들림을 봅니다.
예수께서 나사로의 무덤을 막아놓은 돌을 옮겨 놓으라고 하시자
"주여 죽은 지가 나흘이 되었으매 벌써 냄새가 나나이다."(요 11;39)
이것이 어찌 마르다 만의 고백이라고 하겠습니까?
어쩌면 우리들의 모습을 그대로 보여주고 있는 것이 아닐까요?

1. 바른 신앙고백과 현실

바르고 정확한 마르다의 고백을 두고
정직하고 과연 바른 고백이냐를 의심하는 이도 있지만
죽음은 ① 호흡이 끊어지고 ② 모든 감각과 생기가 사라지고,
③ 내어버릴 일만 남는 것이기에 모든 것의 끝이라는 것이 현실입니다.

바른 믿음, 정확한 고백의 마르다이기에 주님은 교훈하십니다.
모든 것의 끝이라고 하지만 죽음 이후가 있다는 사실을 말입니다.
영벌이 있고 믿는 자에게는 영생의 복이 따르지만
육체적 부활이 있다는 것과 죽음에 대한 바른 이해가
필요했던 것입니다.
죽음은 육체적 죽음 외에 영적 죽음, 영원한 죽음도 있기 때문입니다.

2. 죽음에 대한 바른 이해

① 육체적인 죽음(육체와 영혼의 분리)이 끝이 아닙니다.
성경적으로 죽음을 분리라고 가르칩니다.
선악과의 사건은 이미 하나님과의 분리를 가져왔습니다.
하나님과의 단절을 우리는 ② 영적인 죽음이라고 합니다.
모든 것의 근원이신 그분과의 단절로 모든 것을 잃어버렸습니다.

영적인 죽음의 결과는 ③ 영원한 죽음이라는 결과를 가져옵니다.
천국과 지옥의 분리로 영원한 하나님 나라와의 단절입니다.
마르다의 고백은 영적인 생명과 부활을 이야기합니다.
이 영생의 비밀을 통해 주님은 육체적인 부활을 가르쳐주셨습니다.
주의 말씀은 영생과 함께 육체적인 부활까지 보장해 주십니다.

3. 기적의 현장을 체험하기 위한 신앙적 결단

마르다의 옳은 신앙고백은
미래의 부활은 확신하지만 현재의 부활을 믿지 못합니다.
예수를 그리스도로 고백하는 자들은 죽음이 끝이 아닙니다.
현실적인 인본주의자들은 현재의 부활을 인정하지 않습니다.
그래서 마리아의 삶에도 신앙적인 연단이 필요하였는지 모릅니다.

마리아와 마르다 가족의 기사를 누가복음에서도 읽을 수 있습니다.
그녀는 예수님을 초대하고서도 ① 물질적 대접에 분주할 뿐 아니라.
말씀을 듣는 마리아에 대한 ② 원망도 대단합니다(눅 10:40).
주님을 모시고도 ③ 염려, 근심에서 벗어나지 못한 듯합니다(눅 10:41).
기적의 현장을 체험하기 위한 방법은 집중하는 것입니다(눅 10:42).

죽어도 사는 말씀 안에서의 신앙

예수님은 생명의 주이십니다.
생명의 떡(요 6:35), 생수의 강(요 7:37-38), 생명의 빛(요 8:12)
그리고 선한 목자(요 10:11)로 자신을 소개하신 예수님은
부활의 주로 오셔서 죽었던 생명도 살리는 분이심을 보여주십니다.
"나는 부활이요 생명"이라고 선언하십니다(요 11:25).

예수님이 그리스도이심을 믿고 고백하여야 합니다.
모든 생명의 주가 되시기에 영생을 주시는 분이심을 확신합니다.
현실적으로도 그분에게 모든 것을 의지하고 의탁하여야 합니다.
우리는 수없이 생사화복을 주장하시는 분이시라 고백합니다.
그러면서도 순간순간 인위적인 생각에 빠져 근심하고 걱정합니다.

모든 우주 만물의 주인이시고 질서의 하나님이시지만
하나님의 사랑은 궁극적으로 인간의 구원이며 영생입니다.
인간을 위해서라면? 노아의 홍수 사건처럼 자연도 덮으시면서까지!
기적적인 사건은 아무 때나 일어나는 일이 아니라
궁극적인 목적을 위하여 믿음 안에서 이루어 주시는
놀라운 일임을 분명히 해야 하겠습니다.

가족들의 죽음으로 인해
슬퍼하는 자들을 위로하소서!

1. 부활과 생명의 주가 되신 예수님!

1) 주는 그리스도이심을 바르게 고백하는 믿음을 주시고
2) 이 믿음 안에서 기도하므로 주의 뜻을 이루게 하시되
3) 죽음과 삶의 어려움을 겪고 있는 이들을 위로하여 주소서!

2. 죽음의 권세를 이기게 하신 하나님!

1) 주의 몸 된 교회가 주의 권능으로 충만하게 하시고
2) 주의 백성으로서 죽음과 슬픔까지도 당당하게 극복하며
3) 부활의 능력과 소망으로 세상을 이기게 하소서!

3. 영원히 우리의 도움이 되신 성령님!

1) 성도로서 우리의 말과 행동에 실수가 없게 하시고
2) 순간순간마다 저희를 지켜주시고 보호하여 주시되
3) 말씀대로 순종하므로 부활의 역사를 체험하게 하소서!

27과

무덤 사이에 사는 사람들

마태복음 8:28–34

28 또 예수께서 건너편 가다라 지방에 가시매 귀신 들린 자 둘이 무덤 사이에서 나와 예수를 만나니 그들은 몹시 사나워 아무도 그 길로 지나갈 수 없을 지경이더라

29 이에 그들이 소리 질러 이르되 하나님의 아들이여 우리가 당신과 무슨 상관이 있나이까 때가 이르기 전에 우리를 괴롭게 하려고 여기 오셨나이까 하더니

30 마침 멀리서 많은 돼지 떼가 먹고 있는지라

31 귀신들이 예수께 간구하여 이르되 만일 우리를 쫓아 내시려면 돼지 떼에 들여 보내 주소서 하니

32 그들에게 가라 하시니 귀신들이 나와서 돼지에게로 들어가는지라 온 떼가 비탈로 내리달아 바다에 들어가서 물에서 몰사하거늘

33 치던 자들이 달아나 시내에 들어가 이 모든 일과 귀신 들린 자의 일을 고하니

34 온 시내가 예수를 만나려고 나가서 보고 그 지방에서 떠나시기를 간구하더라

두 부류의 사람들

30여 년 전 지리산 선비마을을 찾은 적이 있습니다.
상투를 틀어 올린 훈장님이 관광객들에게 설명합니다.
지당하신 말씀 중에 귀에 거슬리는 말이 있었습니다.
기독교가 들어와 이 땅의 백성들을 쪼개어버렸다는 것인데
이스라엘 백성이 아니면 이스마엘 후손이라는 것입니다.

그때 마음이 상한 감정이 아직도 있습니다.
상투를 올린 분들만 보면 괜히 화가 나고 기분이 나빴습니다.
이제 곰곰이 생각해 보니 그분의 말이 옳다는 생각이 듭니다.
6학년 아이들을 데리고 경주로 수학여행을 갔습니다.
"선생님! 다음에는 누구의 무덤에 가는 겁니까?"

아~ 문화와 유적지를 돌아보는 시간인데
아이들의 눈에는 모든 것이 다 무덤으로 보이는구나!
그렇습니다. 무덤의 문화와 생명의 문화는 대립이 됩니다.
부활하신 주님을 찬양하는 생명의 사람들인 성도들이기에
무덤에 거하는 두 청년의 치유 사건의 의미를 확인해 봅니다.

1. 무덤 사이에 사는 사람들

못내 주님을 부인하려고 하는 무리들은
자신들의 거처가 무덤인 것을 부인하려고 하지만
죽음의 사슬과 차꼬에 단단히 묶여있어서
겉보기에는 깨뜨린 것처럼 보이지만 무덤을 떠나지 못합니다.
그래서 성격이 사납고 난폭합니다.

이들은 예수님을 알아봅니다.
그러나 구원을 청하고 도움을 바라기보다는
오히려 그들에게서 떠나주시기를 간구합니다.
자신들을 괴롭히기 위하여 오신 자로 오해하고 있습니다.
그 배후에는 악한 세력들이 있기 때문입니다.

2. 이들을 묶어두려고 하는 세력들

죽음과 무덤에 묶어두려는 이 악한 세력을 사탄이라 부릅니다.
물론 그들은 나름대로의 위력과 대단한 힘을 가지고 있습니다.
그것으로 사람들을 미혹하고 속이며 허물어뜨리려고 합니다.
끊임없이 유혹하고 없는 죄까지 만들어 뒤집어씌우며 참소합니다.
거짓과 위협이 난무하는 공중권세를 잡은 자가 바로 이들입니다.

이들은 자기의 때가 얼마 남지 않은 줄을 알고 있습니다.
무저갱(바닥이 없는 굴)에 갇히는 그날을 두려워합니다.
"무저갱으로 들어가라 하지 마시기를 간구하더니"(눅 8:31)
오히려 돼지 떼에게 들어가게 해 달라고 간구합니다.
그래서 귀신들린 돼지 떼들이 비탈로 내리달아 바다에 몰사합니다.

3. 이 사실을 깨닫지 못하는 사람들

사람들은 어디엔가 묶여서 살고 있습니다.
그러나 자유롭고 싶어서 고랑도 쇠사슬도 끊어보지만
결국 그들은 벗어나지 못하며 거하는 곳은 무덤 사이일 뿐입니다.
그러므로 모든 인생은 반드시 예수님을 만나야 합니다.
그들은 온전하여졌고, 새 사람이 되었습니다.

그러나 사람들은 이것을 인정하지 않으려고 합니다.
사람의 생명보다도 사라져버린 돼지 떼를 아까워했습니다.
예수께 사례하고 찬양하고 고침받은 청년들을 환영할 이들이
오히려 예수에게 자신들을 떠나주시기를 간구합니다.
다 잃어도 잃지 않아야 할 것을 잃어버리고만 그들입니다.

생명에 속한 자들의 가치관

주님은 지금도 이 아름다운 사역을 계속하기를 원하시며
성령님을 보내어 주셔서 이 놀라운 일들을 행하고 계십니다.
무엇보다 이 생명의 역사를 위하여 우리들을 부르셨습니다.
귀신 나간 사람이 함께 있기를 구하였으나
주님은 명령하십니다. **"집으로 돌아가**
하나님이 네게 어떻게 큰 일을 행하셨는지를 말하라."(눅 8:39)

변화된 성도들, 그리스도 안에서 온전하게 된 주의 백성들은
가정과 일터로 돌아가 이 놀라운 사실을 증거하여야 합니다.
사탄의 간교한 전술을 무너뜨리는 일은 전도하는 일입니다.
평생을 사탄의 사슬에 묶여 무덤 사이에서 지내야 했던 청년들처럼
주님을 만나지 못하였다면 우리의 삶은 어떻게 되었을까요?

무엇보다 우리는 크신 하나님께 영광을 돌리지 않을 수 없습니다.
죄의 사슬에서, 무덤에서, 올무에서 벗어나게 주를 찬송합니다.
자유와 평화를 선포하는 자로서의 사명을 다짐합니다.
이 시간 우리 안에서 이 아름다운 일을 행할 수 있도록
더욱더 큰 힘을 더하여 주시는 성령님을 찬양합니다.

귀신에 매여
무덤 같은 세상을 사는 이들을 치유하소서!

1. 구원을 주신 주님을 찬양합니다.

1) 무덤 속에 사는 저희들이었음을 고백합니다.
2) 찾아오셔서 구원하시므로 참 자유를 주신 주님께 감사합니다.
3) 영원토록 크신 하나님의 영광을 찬송하는 저희들이 되게 하소서!

2. 구원을 받은 자로서의 사명을 잘 감당하게 하소서!

1) 아직도 죄 사슬에 매인 자들을 위하여 기도합니다.
2) 저들에게 먼저 구원의 소식을 전하는 저희들이 되게 하시고
3) 복음을 듣는 자마다 믿고 치유받는 놀라운 역사가 있게 하소서!

3. 지금도 사탄은 우는 사자와 같이 삼킬 자를 찾나이다.

1) 자기의 때가 다 된 줄을 알고 날뛰는 저들을 물리치게 하시며
2) 나사렛 예수의 능력이 더 크고 놀랍게 나타나게 하시므로
3) 언제나 승리하는 삶으로 더욱 크신 주의 영광을 나타내게 하소서!

28과

이상히 여기지 말자

마태복음 21:18-22

18 이른 아침에 성으로 들어오실 때에 시장하신지라

19 길 가에서 한 무화과나무를 보시고 그리로 가사 잎사귀 밖에 아무것도 찾지 못하시고 나무에게 이르시되 이제부터 영원토록 네가 열매를 맺지 못하리라 하시니 무화과나무가 곧 마른지라

20 제자들이 보고 이상히 여겨 이르되 무화과나무가 어찌하여 곧 말랐나이까

21 예수께서 대답하여 이르시되 내가 진실로 너희에게 이르노니 만일 너희가 믿음이 있고 의심하지 아니하면 이 무화과나무에게 된 이런 일만 할 뿐 아니라 이 산더러 들려 바다에 던져지라 하여도 될 것이요

22 너희가 기도할 때에 무엇이든지 믿고 구하는 것은 다 받으리라 하시니라

당연한 일입니다.

열매를 맺지 못하는 무화과나무가 시들었습니다.
방금까지도 잎이 무성한 생기가 넘치는 나무였습니다.
"이제부터 영원토록 네가 열매를 맺지 못하리라."(마 21:19)
이를 본 제자들이 이상히 여기며 묻습니다.
"무화과나무가 어찌하여 곧 말랐나이까?"(마 21:20)

예수님이 예루살렘에 입성한 그때면
이스라엘에는 무화과나무의 열매철이 아니었습니다.
그럼에도 주께서 이렇게 하신 것은 나름대로의 목적이 있었습니다.
열매 없는 나무를 찍어버려야 한다는
비유가 당연한 것처럼(눅 13:6-7)
다소 냉정한 비유라 하겠지만 마땅한 이유가 있음을 알아야 합니다.

기적이 사건이라는 관점에서 보아도 그렇습니다.
주님은 믿음으로 능히 모든 일이 가하다고 말씀하십니다.
아직도 이와 같은 일을 보고 이상히 여기는 제자들의 모습이
스물 일곱 개의 기사를 읽고 듣고 체험한 우리들이 아닌가?
아직도 안 된다는 생각이 더 이상한 것이라 여겨집니다.

1. 부정적인 생각을 버립시다.

열두 그루의 가로수를 심었답니다.

나무마다 제자들의 이름을 붙여주었답니다.

베드로, 야고보, 요한 … 가룟 유다까지 열두 개의 이름으로 …

잘 자랐지만 유독 한 그루만은 잘 자라질 못했습니다.

가룟 유다라는 이름을 가진 가로수였습니다.

열매를 맺지 못한다고 선언하신 주님이십니다.

사람들의 저주와 비교할 수 없는 주님의 말씀입니다.

주님이 원하시는 것은 열매를 맺는다는 긍정적인 믿음입니다.

주님의 뜻에 맞는 삶을 사는 주의 백성이 되어야 합니다.

잎이 아무리 무성해도 열매 하나와 비교할 수 없습니다.

2. 장차 이르게 될 심판의 경고

엄격한 의미에서 이 사건은 심판을 예고하는 예언적 기사입니다.

무화과나무는 유대나라의 평화와 번영을 상징하는 나무입니다.

무화과나무와 포도나무가 마르는 것을 심판의 경고로 알았습니다.

도끼가 나무뿌리에 놓였다 함은

불에 던지기 직전이라는 말인데(마 3:10)

영적으로 열매가 없는 무용지물의 인간을 얘기하는 것이 아닌지?

책임을 지겠다는 것도 아니고
회개함으로 새롭게 시작해 보겠다는 것도 아니고
매를 맞으면서도 자기 자신의 잘못을 되돌아보지도 않고
타인에게 손해를 끼치면서도 전혀 깨닫지 못하는 것을 두고
자기 구실을 못하는, 영적 열매를 맺지 못하는 인생으로 평가합니다.

3. 오늘의 현실들을 이상한 일로 여기지 말자.

열매 맺는 삶을 자기의 본분을 다하는 것으로 평가합니다.
자기의 책임과 의무를 바르게 감당할 수 있어야 합니다.
사람은 사람 구실을, 그리스도인이라면 당연히 그 역할을 담당하되
유명무실하거나 위선적, 외식적인 행위의 결과는
반드시 심판이 따르고 그 결과가 있다는 사실을 알아야 합니다.

그리고 오늘의 현실을 이상하게 여기지 맙시다.
얼마나 높은 인간의 바벨탑을 쌓아가고 있는지를 깨달아야 합니다.
그래서 내리는 재앙이나 징벌도 당연한 것으로 알아야 합니다.
주님은 지금도 회개하고 돌이키기를 기다리고 계십니다.
회개를 통하여 생명의 존재가치를 회복하여야 합니다.

신앙의 열매로 그리스도인의 본분을 다하자.

주님의 기대에 미치지 못한 삶을 회개하고 주의 뜻을 분별하여
주어진 책임과 사명을 다하겠노라 다짐하는 그리스도인이 됩시다.
더구나 잎으로 가리고 변명하지 말고 정직하고 진실하게 살아야 하며
무엇보다 허례허식을 버리고 꾸밈없는 순수함을 지켜나갑시다.
주님은 우리의 과거와 현재와 미래를 아시는 분이십니다.

마지막이 심판과 저주로 끝나기에는 너무나 아까운 인생입니다.
왕복도 윤회도 없습니다. 인생은 편도일 뿐입니다.
돌이킬 수 있는 유일한 길은 회개와 헌신입니다.
그래서 주님도 이제 십자가를 앞두고 이 교훈을 남기신 것입니다.
주 안에서 산다면 살만한 가치가 있는 인생입니다.

마가는 똑같은 기사(막 11:20-25)에 대해 기초적인 교훈을 실었습니다.
– 하나님을 믿으라 … 의심하지 아니하면 그대로 되리라(막 11:22-23).
– 무엇이든지 기도하고 구하는 것은 받은 줄로 믿으라
그리하면 너희에게 그대로 되리라(막 11:24).
– 기도할 때에 아무에게나 혐의가 있거든 용서하라
그리하여야 하늘에 계신 너희 아버지께서도
너희 허물을 사하여 주시리라(마 11:25).

부정적이고 위선적인 삶으로 방황하는 자들을 치유하소서!

1. 잎만 무성한 우리들의 삶을 회개합니다.

1) 위선적이고 거짓된 삶을 회개하오니 용서하여 주소서!
2) 주어진 책임과 사명을 다하지 못했음을 용서하여 주소서!
3) 믿는다고 하면서도 열매가 없는 저희들을 용서하여 주소서!

2. 그리스도인으로서의 본분을 다하게 하소서!

1) 믿고 의지함으로 주의 뜻을 이루게 하시고
2) 우리들의 삶을 통하여 주의 능력이 나타나게 하시고
3) 언제나 긍정적인 신앙으로 모든 위기를 극복하게 하소서!

3. 임박한 진노를 깨닫고 바른 신앙의 열매를 맺게 하소서!

1) 시대를 분별하게 하시고 성령으로 충만하게 하소서!
2) 말씀을 바로 깨닫고 말씀대로 순종하게 하소서!
3) 악한 궤계를 물리치고 언제나 승리하는 저희들이 되게 하소서!

29과

십자가와 부활

요한복음 19:41-20:8

41 예수께서 십자가에 못 박히신 곳에 동산이 있고 동산 안에 아직 사람을 장사한 일이 없는 새 무덤이 있는지라

42 이날은 유대인의 준비일이요 또 무덤이 가까운 고로 예수를 거기 두니라

1 안식 후 첫날 일찍이 아직 어두울 때에 막달라 마리아가 무덤에 와서 돌이 무덤에서 옮겨진 것을 보고

2 시몬 베드로와 예수께서 사랑하시던 그 다른 제자에게 달려가서 말하되 사람들이 주님을 무덤에서 가져다가 어디 두었는지 우리가 알지 못하겠다 하니

3 베드로와 그 다른 제자가 나가서 무덤으로 갈새

4 둘이 같이 달음질하더니 그 다른 제자가 베드로보다 더 빨리 달려가서 먼저 무덤에 이르러

5 구부려 세마포 놓인 것을 보았으나 들어가지는 아니하였더니

6 시몬 베드로는 따라와서 무덤에 들어가 보니 세마포가 놓였고

7 또 머리를 쌌던 수건은 세마포와 함께 놓이지 않고 딴 곳에 쌌던 대로 놓여 있더라

8 그때에야 무덤에 먼저 갔던 그 다른 제자도 들어가 보고 믿더라

십자가와 부활! 당연한 사건이다.

지난 과에서
열매를 맺지 못하는 무화과나무가 시든 사건을 통하여
이는 당연한 일이라는 것을 말씀드렸습니다.
열매 없는 나무는 찍어버려야 한다는 주님의 비유처럼(눅 13:6-7)
다소 냉정한 결과라 할지 모르지만 당연한 결과일 것입니다.

우리가 늘 사도신경을 통해서 고백하지만
하나님이신 그분이 세상에 오셔서 우리처럼 죄 많은 인간을 위해
십자가에 돌아가셨다는 사건은 분명히 기적적인 사건입니다만
십자가에서 돌아가신 그분이 사흘 만에 살아나셨다는 것은
성경 말씀을 근거로 살펴보면 너무나 당연한 일입니다.

그러나 사람들은 부활 사건만을 기적적인 사건으로 봅니다.
물론 예수님은 부활의 첫 열매이십니다.
우리도 부활하지만, 불신자들도 심판의 부활을 겪게 됩니다.
이 당연한 결과가 우리들에게도 있게 될 일이지만
생명의 부활을 꿈꾸는 사람들일수록
십자가의 의미를 분명히 해야 합니다.

1. 유월절 어린 양, 예언된 사건!

출애굽의 사건은 장자들의 죽음을 면하게 하는 어린 양의 피로부터
뼈를 꺾지 않은 규례도 성경 말씀대로였습니다(출 12:46; 요 19:36).
선지자들도(사 9:6-7), 천사들도(마 1:21) 미리 예언한 일들이지만
주께서 친히 자신의 죽음과 부활을 미리 세 번이나 말씀하셨습니다.
장사한 일이 없는 새 무덤도 준비되어 있었습니다(요 19:40-42).

모든 인류의 죄를 가슴으로 안으시고, 양팔을 벌리시고
일곱 마디(容, 樂, 子, 棄, 渴. 成, 魂)를 남기시고 운명하셨습니다.
사람들의 관심은 십자가의 사건보다 부활에 대한 의문만 제기합니다.
그래서 시체 도난설, 기절설, 환상설 등등 온갖 루머를 만듭니다만
정말 기적적인 사건은
주님이 우리 죄를 위해 십자가에서 죽으신 일입니다.

가상칠언(架上七言)		
容	아버지 저들을 사하여 주옵소서. 자기들이 하는 것을 알지 못함이니이다.	(눅 23:34)
樂	오늘 네가 나와 함께 낙원에 있으리라.	(눅 23:43)
子	여자여 보소서 아들이니이다. 보라! 네 어머니라.	(요 19:26, 27)
棄	엘리 엘리 라마 사박다니, 나의 하나님 나의 하나님, 어찌하여 나를 버리셨나이까.	(마27:46; 막15:34)
渴	내가 목마르다.	(요 19:28)
成	다 이루었다.	(요 19:30)
魂	내 영혼을 아버지 손에 부탁하나이다.	(눅 23:46)

2. 부활의 정황, 과학적 사실

과학은 사실을 연구하는 학문입니다.
부활 사건은 역사적으로 분명한 사건입니다.
과학은 이 사실을 분명히 설명해야 할 책임 있습니다.

죽음이 분명하고, 부활도 확실한데
회유나 협박 등으로 사실을 부정하려는 시도는 옳지 않습니다.
부활을 부정하는 것이 오히려 비과학적임을 인정해야 합니다.

3. No Cross, No Crown!(죽어야 부활합니다.)

하나님의 일은 하나님이 하십니다.
교회의 일이나 선교의 일, 개인적인 신앙이나 가정의 일까지도
부활하신 주님이 주관하시며 진행하신다는 그리스도인의 믿음은
바로 부활하신 주님을 믿는 신앙(부활 신앙)으로부터 온 것입니다.
물론 부활하신 주님은 약속대로 성령님을 보내주셨습니다.

중요한 것은 죽음이 없는 부활은 없다는 것입니다.
십자가의 신앙이 부활의 신앙과 직접적인 관계를 갖습니다.
바울은 우리가 육에 속한 사람이 아니라 영의 사람이지만

육신의 사람에서 벗어나 장성한 그리스도인이 될 것을 교훈합니다.
내가 죽지 아니하면 부활의 영광을 드러낼 수 없습니다(갈 2:20).

복음의 핵심은 십자가와 부활입니다.

그리스도인을 복음의 사람이라고 부릅니다.
복음으로 사는 사람은 십자가와 부활 신앙으로 사는 사람입니다.
모든 불의와 죄악의 세력은 종말을 고하는 십자가와
사망 권세를 이기시고 승리하신 감격적인 부활 사건은
이 사실을 믿는 모든 그리스도인에게 능력이 됩니다.

바울은 주님의 부활이 없었다면
우리의 믿음도 헛것이요, 전하는 복음도 헛것이며
우리가 거짓 증인이 되고, 여전히 죄 가운데 있을 것이며
세상에서 가장 불쌍한 사람이 되었을 것이라고 간증합니다.

의롭고 당당하며 밝고 행복한 삶을 사는 그리스도인들은
십자가와 부활의 증인으로서의 기쁨과 감사가 표징이 되고
승리하는 삶을 통하여 주께 영광을 돌리게 되므로
세상과 영원한 나라에서도 칭찬받는 복된 성도들이라 할 것입니다.

십자가와 부활의 능력을 부인하는 자들을 변화시켜 주소서!

1. 주님의 십자가를 생각하며 기도합니다.

1) 우리의 죄를 위하여 피 흘려주신 사랑을 감사합니다.
2) 우리들도 십자가의 그 사랑을 증거하게 하여 주시고
3) 그 은혜에 힘입어 우리의 고통과 고난을 극복하게 하소서!

2. 부활하신 주님의 능력을 사모합니다.

1) 새 생명의 역사가 우리의 삶 속에 나타나게 하소서!
2) 모든 질병으로부터 놓임을 받아 깨끗하게 치유되게 하소서!
3) 우리들의 모든 문제가 해결되는 놀라운 권능이 나타나게 하소서!

3. 십자가와 부활의 신앙으로 승리하게 하소서!

1) 교회와 가정의 모든 불신이 사라지게 하소서!
2) 십자가와 부활의 역사가 이 나라와 이 땅에 나타나게 하시고
3) 열방과 선교 현장에도 승리의 깃발이 나부끼게 하소서!

30과

물고기 일백쉰세 마리

요한복음 21:1-13

1 그 후에 예수께서 디베랴 호수에서 또 제자들에게 자기를 나타내셨으니 나타내신 일은 이러하니라

2 시몬 베드로와 디두모라 하는 도마와 갈릴리 가나 사람 나다나엘과 세베대의 아들들과 또 다른 제자 둘이 함께 있더니

3 시몬 베드로가 나는 물고기 잡으러 가노라 하니 그들이 우리도 함께 가겠다 하고 나가서 배에 올랐으나 그날 밤에 아무것도 잡지 못하였더니

4 날이 새어갈 때에 예수께서 바닷가에 서셨으나 제자들이 예수이신 줄 알지 못하는지라

5 예수께서 이르시되 얘들아 너희에게 고기가 있느냐 대답하되 없나이다

6 이르시되 그물을 배 오른편에 던지라 그리하면 잡으리라 하시니 이에 던졌더니 물고기가 많아 그물을 들 수 없더라

7 예수께서 사랑하시는 그 제자가 베드로에게 이르되 주님이시라 하니 시몬 베드로가 벗고 있다가 주님이라 하는 말을 듣고 겉옷을 두른 후에 바다로 뛰어 내리더라

8 다른 제자들은 육지에서 거리가 불과 한 오십 칸쯤 되므로 작은 배를 타고 물고기 든 그물을 끌고 와서

9 육지에 올라보니 숯불이 있는데 그 위에 생선이 놓였고 떡도 있더라

10 예수께서 이르시되 지금 잡은 생선을 좀 가져오라 하시니

11 시몬 베드로가 올라가서 그물을 육지에 끌어 올리니 가득히 찬 큰 물고기가 백쉰세 마리라 이같이 많으나 그물이 찢어지지 아니하였더라

12 예수께서 이르시되 와서 조반을 먹으라 하시니 제자들이 주님이신 줄 아는 고로 당신이 누구냐 감히 묻는 자가 없더라

13 예수께서 가셔서 떡을 가져다가 그들에게 주시고 생선도 그와 같이 하시니라

원점으로 돌아가다.

누구나 마찬가지입니다.
실패하고 잃어버리면 사실은 본전입니다.
빈손으로 태어난 것이라 생각하고 돌아가는 것은
부정적일 수도 있지만 분명히 긍정적일 수도 있습니다.
하산 길에서 방향을 잃으면 산꼭대기로 올라가라고 했습니다.

제자들은 오히려 부정적이었습니다.
3년 동안이나 주님을 따르며 훈련을 받았는데
막상 주님이 십자가를 지시고 고통스럽게 돌아가셨습니다.
부활의 소식을 들었지만 여전히 좌절감에 빠진 제자들이었습니다.
그래서 돌아갔습니다. 처음 자리로 돌아갔습니다.

은혜를 체험하고 기적적인 능력을 경험하였을 때는
놀라운 치유와 함께 감동을 받습니다.
쉽게 믿는다고 고백도 하고, 봉사도 하고, 헌신도 합니다.
그러나 어려움이 닥치면 그것이 더 큰 징조임을 모릅니다.
까맣게 잊고 불평하며 돌아섭니다. 본래 제 자리로 …

1. 실패한 그들을 위하여 찾아오셨습니다.

부활의 소식을 들었던 제자들입니다.

실망하여 엠마오로 내려가던 제자도 돌아왔고(눅 24:13-35)

의심하던 도마도 고백했습니다(요 20:28).

디베랴 호수에 그물을 내리고

밤새껏 수고하였으나 아무것도 잡지 못하고(요 21:3)

주님이 그 바닷가에 서 계심에도 제자들은 주님을 알지 못했습니다.

"얘들아 너희에게 고기가 있느냐?"(요 21:5)

"그물을 배 오른편에 던지라 그리하면 잡으리라."(요 21:6)

던졌더니 잡혔습니다. 물고기가 많아 들 수가 없었습니다.

부활하신 주님이 삶의 현장에 찾아오신 것입니다.

2. 우리의 상황을 아시고 메마른 심령을 치유하십니다.

밤이 맞도록 수고했는데

그날 밤에도 아무것도 잡지 못하였습니다(요 21:3).

처음 부름을 받을 때도 그런 일이 있었는데(눅 5:4-5)

주님은 또다시 찾아오셔서 새로운 사명을 주십니다.

"내 어린 양을 먹이라, 내 양을 치라, 내 양을 먹이라."(요 21:15, 16, 17)

수고하고도 열매가 없을 때
밤새도록 수고하였으나 수확이 없을 때
다른 어느 때보다 이럴 때에 배가 고프고, 마음이 아프고
가슴이 답답하고, 마음의 여유가 사라집니다.
바로 그때 주님은 찾아오신 것입니다.

3. 다시 그물을 던져야 합니다.

실패하였을지라도
아무런 수확이 없을지라도
그물을 내려야 합니다.
말씀에 순종하여 그물을 던져야 합니다.
내 임의로 하는 것과는 결과가 다릅니다.

내 안에 있으라!
저가 내 안에 있어야 과실을 많이 맺는다(요 15:5)고 하신 것처럼
주님 안에서, 말씀에 순종하여
다시 그물을 던져야 합니다.
그물이 찢어질 정도로 고기를 잡았던 일(눅 5:6)을
잊지 않아야 합니다.

조반 전에 … 일백쉰세 마리!

"와서 조반을 먹으라."(요 21:12)

이 놀라운 일은 식전에, 아침에 일어난 일입니다.

"지금 잡은 생선을 좀 가져오라."(요 21:10) 하심은

굶주린 우리들을, 배고픈 우리들을 먹이시려 하셨기 때문입니다.

이미 숯불 위에 떡도 있었지만 생선도 있었습니다(요 21:9).

그런데 가져오라 하십니다.

우리의 수고를 인정하시고, 누리게 하시기 위함입니다.

일백쉰세 마리!

그것은 순종의 산물이요, 기적의 산물인 동시에

우리에게 새로운 꿈과 희망을 주시기 위한 능력의 산물입니다.

새로운 시작!

하루의 시작이 그렇고, 한 달이나 일 년의 시작이 그렇습니다.

치유와 함께 새로운 삶의 시작이 그렇습니다.

153의 역사는 지금도 일어나고 있습니다.

말씀의 떡과 감사의 제사! 그리고 선행의 결단을 통하여 …

낙심하는 자들에게
오히려 새로운 힘을 더하여 주소서!

1. 연약한 저희를 찾아오신 주님!

1) 우리의 허물과 죄를 내어놓습니다. 용서하여 주소서!
2) 우리의 질병과 상처를 돌아보시고 치유하여 주소서!
3) 우리의 아픔을 아십니다. 참 평강으로 덮어주소서!

2. 주님의 말씀을 사모합니다. 말씀하여 주소서!

1) 말씀 안에 거하게 하시고, 말씀을 듣고 깨닫게 하소서!
2) 말씀 따라 살게 하시고 순종하는 성도가 되게 하소서!
3) 말씀으로 인하여 거룩한 삶의 비결을 터득하게 하소서!

3. 일백쉰세 마리로 평생을 헌신하며 살게 하소서!

1) 말씀으로 하루를 시작하며, 새 날을 시작하게 하소서!
2) 다섯 가지 이상의 감사로 날마다 승리하는 삶을 살게 하소서!
3) 하루 세 가지 이상 아름다운 섬김으로 주께 영광 돌리게 하소서!

31과

주님의 지상명령

마태복음 28:16-20

16 열한 제자가 갈릴리에 가서 예수께서 지시하신 산에 이르러

17 예수를 뵈옵고 경배하나 아직도 의심하는 사람들이 있더라

18 예수께서 나아와 말씀하여 이르시되 하늘과 땅의 모든 권세를 내게 주셨으니

19 그러므로 너희는 가서 모든 민족을 제자로 삼아 아버지와 아들과 성령의 이름으로 세례를 베풀고

20 내가 너희에게 분부한 모든 것을 가르쳐 지키게 하라 볼지어다 내가 세상 끝날까지 너희와 항상 함께 있으리라 하시니라

새로운 사명과 지엄하신 명령

낙심 중에 있던 제자들이 부활하신 주님을 만났습니다.
육체적 질병에 대한 고침만이 치유가 아닙니다.
현대인들이 겪고 있는 정신적인 고통은 상상을 초월합니다.
분노와 좌절, 원망과 핑계와 변명으로 일관된 문제의 치유는
말씀으로, 찬송과 감사의 삶으로 치유될 수 있습니다.

승천하시기 전 우리 주님은 제자들에게 명령하십니다.
예수 그리스도의 이름으로 부름을 받은 모든 성도들에게
사명을 주십니다. 새 힘과 함께 능력을 약속하십니다.
하늘과 땅의 모든 권세를 가지신 주님이심을 확인하시면서
왕적인 권능으로 선포하십니다.

"그러므로 너희는 가서 모든 민족을 제자로 삼아
아버지와 아들과 성령의 이름으로 세례를 베풀고
내가 너희에게 분부한 모든 것을 가르쳐 지키게 하라."(마 28:19-20)
Great Commission으로 불리는 이 명령을
믿음의 선배들은 지상명령(至上命令)으로 번역하였습니다.

1. 복음서에 따른 명령의 성격

예수님의 생애에 대한 같은 복음서로 보이지만
사실은 복음서에 따라 그 성격의 차이가 분명합니다.
마태는 왕으로 오신 권위로서 치유하시는 주님이시지만
마가는 섬기는 종으로 오신 치유자 예수님이십니다.
누가는 인간으로 오신 예수님으로 묘사하고 있습니다.

마가의 명령과 마태의 왕적 명령은 차이가 납니다.
"너희는 온 천하에 다니며 만민에게 복음을 전파하라."(막 16:15)
"너희는 이 모든 일의 증인이라."(눅 24:48)는 누가의 기록은
사도행전 1장 8절의 "내 증인이 되리라."는 말씀과
비교해 보아야 합니다.
그러나 요한의 주관적 표현은 지상명령에도 차이가 납니다.

2. 아버지께서 나를 보내신 것 같이

우리를 위하여 치유자로, 선교사로 오신 예수님은
아버지께서 보내셨기에 오신 분이십니다.
요한복음의 예수님은 위로부터 임하신 분이십니다.
나는 길이다, 진리다, 생명이다, 목자다, 포도나무라고 하심은

스스로 하나님으로 이 땅에 임하신 분이심을 묘사합니다.

"I am~(εγω ειμι)"의 주관적인 표현을 하는 요한입니다.
그래서 더욱 강한 표현으로, 내가 이렇게 보냄을 받았기에
나도 너희를 보낸다고 말씀하고 있습니다(요 20:21).
"세상 끝날까지 너희와 항상 함께 있으리라." 한 마태처럼
요한도 **"성령을 받으라."**(요 20:22)는 말씀을 빠뜨리지 않습니다.

3. 지상명령의 한국적 표현은 유언(遺言)입니다.

주님의 지상명령은 승천하시기 직전에 남기신 말씀입니다.
예수님의 제자들에게 남기신 마지막 부탁입니다.
유언은 지켜도 되고, 안 지켜도 되는 말씀이 아닙니다.
늘 엄마 말의 반대로 하던 청개구리도 유언은 지켰습니다.
선교 명령은 모든 성도에게 남기신 주님의 유언입니다.

직접 가르치시고(teaching), 천국 복음을 전파하시며(preaching),
백성 중의 모든 병과 모든 약한 것을 고치시고(healing),
지금까지 행하시며 친히 본을 보이신 우리 주 예수 그리스도는
이제 이 일을 우리들에게 위임하신 것입니다.
우리가 바로 예수님의 이름으로 치유하는 자가 되어야 합니다.

치유하는 자로서의 그리스도인의 사명

"오라 우리가 여호와께로 돌아가자
여호와께서 우리를 찢으셨으나 도로 낫게 하실 것이요
우리를 치셨으나 싸매어 주실 것임이라
여호와께서 이틀 후에 우리를 살리시며
셋째 날에 우리를 일으키시리니 우리가 그의 앞에서 살리라."(호 6:1-3)

선지자의 예언대로 그가 오셔서
죄로 인하여 죽을 수밖에 없었던 우리를 구원하셨고
모든 질병과 고통으로부터 자유를 얻게 하셨으며
고치시고 치유하시고 온전하게 회복시켜 주셨습니다.
이제는 우리가 온전한 제자가 되어야 합니다.

온전한 제자라는 말은 온전한 치유자를 의미합니다.
치유 받은 우리가 그의 명령에 따라
모든 민족과 열방과 이웃을 위하여 복음을 선포하므로
예수 그리스도 안에서 하나님의 나라를 이루어 나가야 하며
해방과 자유와 온전한 구원을 이루는 사명자가 되어야 합니다.

치유자로서의 사명을 다하게 하소서!

1. 주님의 지상명령(유언)에 순종하게 하소서!

1) 그리스도의 제자 삼는 일에 전력하게 하시고
2) 땅끝까지 복음 전하는 일에 함께 참여하게 하시며
3) 보내는 선교사로서의 주어진 역할을 잘 감당하게 하소서!

2. 부름 받은 자로서의 사명을 다하게 하소서!

1) 이웃에게 복음을 전하는 증인의 사명을 감당하게 하시고
2) 직장과 사업을 통하여 하나님께 영광을 돌리게 하시며
3) 생활자체가 성령의 능력에 의지하는 삶이 되게 하소서!

3. 치유와 능력의 역사가 나타나게 하소서!

1) 예수 그리스도의 이름으로 승리하는 삶을 살게 하시고
2) 주 안에 거하므로 능력 있는 그리스도인이 되게 하시고
3) 치유함을 받은 자로서 치유의 역사를 위해 기도하게 하소서!

32과

하늘로 오르셨으나 다시 오실 주님

누가복음 24:49–53

49 볼지어다 내가 내 아버지께서 약속하신 것을 너희에게 보내리니 너희는 위로부터 능력으로 입혀질 때까지 이 성에 머물라 하시니라
50 예수께서 그들을 데리고 베다니 앞까지 나가사 손을 들어 그들에게 축복하시더니
51 축복하실 때에 그들을 떠나 하늘로 올려지시니
52 그들이 그에게 경배하고 큰 기쁨으로 예루살렘에 돌아가
53 늘 성전에서 하나님을 찬송하니라

예수 그리스도에 대한 신앙고백

그리스도에 대한 사도신경의 중심 고백은
그의 낮아지심과 높아지심입니다.
"그는 성령으로 잉태되어 …"에서 시작하여
"하늘에 오르시어"까지가 그의 공생애 사역입니다.
물론 오르신 하늘에서 심판의 주로 다시 오심을 고백합니다.

아버지께서 약속하신 것을 너희에게 보내실 것이니
이 위로부터 임하는 능력으로 입혀질 때까지
너희는 이 성에 머물라고 하신 예수님은
제자들이 지켜보는 가운데 하늘로 올라가셨으며
"하늘로 가심을 본 그대로 오시리라."(행 1:11)고 하셨습니다.

그렇습니다. 하늘로 올라가심도 기적이고
다시 오신다는 사건도 엄청난 기적입니다.
그러나 하나님이 사람의 몸을 입고 오신 자체가 기적이며
그 목적이 죄로 병든 인간들의 구원이고 치유인지라
'내려오심과 올라가심'의 의미를 생각해 보지 않을 수 없습니다.

1. 그리스도의 낮아지심[卑下]

사실은 그리스도의 낮아지심보다 더 큰 기적은 없습니다.
하나님이신 그분이 인간의 구속 사역을 위하여
신적인 자리를 스스로 버리시고,
죽기까지 낮아지신 것입니다(빌 2:6-8)
이와 같이 낮아지신 이유를 성경은 분명하게 밝히고 있습니다.

① 하나님을 보여주시고(요 1:18), 언약을 성취하시되(눅 1:31-33)
② 우리의 죄를 대속하시고(히 10:1-10) 구원하시며(딤전 1:15)
③ 마귀의 일을 멸하시되(요일 3:8),
④ 자비로운 제사장으로(히 5:1-2) 오셔서
⑤ 다시 높이 들리시기 위하여(빌 2:9) 친히 낮아지신 것입니다.

2. 그리스도의 높아지심[昇貴]

그가 높아지시고 하늘에 오르심은
이 땅의 모든 것을 고치시고 치유하셨기 때문입니다.
그래서 다시 하나님의 자리로 돌아가셨습니다(빌 2:9-11).
부활하시고, 승천하셔서 다시 하나님 우편에 앉으셨습니다.

물론 주님은 심판의 주로 다시 오실 것입니다.
그가 다시 오시는 이유를 다음 성경 구절이 설명합니다.

① 인간의 부활과 심판을 위하여(요 5:28-29)
② 성도들과 함께 공중으로 들림을 받기 위해(살전 4:15-17)
③ 성도들에게 상을 주시되(딤후 4:8) 심판을 위하여(마 24:36-51).

3. 그의 낮아지심과 높아지심으로

그의 낮아지심과 높아지심을 통하여
우리 인간들에게 하나님을 완벽하게 보여주셨습니다.
하나님의 완전한 사랑을 우리에게 나타내신 것입니다.
인간의 연약함을 직접 체휼하시고
하나님과 인간 사이의 중보자가 되셨습니다.

그러므로 우리는 그의 겸손과 온유를 배워야 합니다.
끝까지 낮아지신 그분의 겸손을 배워야 합니다.
그리고 그의 순종과 인내를 배워야 합니다.
그의 낮아지심과 같이 우리도 낮아져야 합니다.
그러면 그의 높아지심과 같이 우리를 높이실 것입니다.

예수님의 승천하심과 같이

예수님은 많은 사람들이 보는 가운데 승천하셨습니다.
구름이 가리어 보이지 않았으나 영광 중에 승천하셨습니다.
흰옷 입은 두 천사가 곁에 서 있었습니다.
다시 오실 것을 예언하는 중에 승천하셨습니다.
먼 훗날 우리들의 모습입니다.

에녹도 죽음을 보지 않고 승천하였고(창 5:24),
엘리야는 회오리바람으로 승천하였습니다(왕하 2:11).
예수님도 조만간 우리를 데리러 오시겠다고 하셨습니다.
내 아버지 집에는 거할 곳이 많다고도 하셨습니다(요 14:2).
주님 계신 그곳이 우리의 본향이기 때문입니다.

성경에서 예언이 이루어지는 장면을 읽었습니다.
말씀하신대로 이루어짐을 믿는 우리들입니다.
비전과 소망보다 더 큰 치유를 위한 양약은 없습니다.
"하늘에 오르시어 전능하신 아버지 하나님 우편에 앉아계시다가
거기로부터 살아있는 자와 죽은 자를 심판하러 오십니다."

하늘나라의 소망을 바라보며 기도합시다!

1. 낮아지신 주님을 믿고 따르는 저희들이 되게 하소서!

1) 주님의 온유함과 겸손을 배우게 하소서!
2) 주님의 순종과 오래 참음과 인내를 배우게 하소서!
3) 주님의 낮아지심과 같이 우리도 낮아지는 삶을 살게 하소서!

2. 주님의 오르심을 기억하며 하늘을 바라보고 살게 하소서!

1) 천국 백성으로서 부끄럽지 않는 삶을 살게 하소서!
2) 영광스런 그날을 바라보며 승리하는 백성들이 되게 하소서!
3) 이 땅에서도 주의 영광을 구하는 저희들이 되게 하소서!

3. 낮아지심을 몸소 실천하는 종들을 위하여 기도합니다.

1) 선교지에서 희생적인 삶을 사는 선교사님을 위하여
2) 농어촌, 미자립 교회에서 어렵게 목회하는 종들을 위하여
3) 이름 없이 섬김으로 치유의 사역을 감당하는 사역자들을 위하여

'치유를 위한 기도' 색인
(가나다 순)

치유의 현장, 예수님과 함께!

'주여! 치유하게 하소서!'
총회 제108회기 주제에 맞추어 글을 썼습니다.
해설서나 학문적인 연구를 위한 서적이 아니라
설교자료나 성경 공부 교재로 이용하기 위해서입니다.

녹색별인 지구가 존재한다는 것과
우리가 그 가운데 살고 있음이,
무엇보다 이 우주를 창조하신 하나님을 알고
그분의 자녀로 산다는 것이 모두 기적입니다.

이러한 사실을 기록된 말씀으로 받은 우리들이
그 말씀으로 산다는 것이 얼마나 놀라운 일인지
우리의 삶 자체가 기적이라는 사실과 함께
성경을 펼쳤습니다.

신구약 성경에는 놀라운 기적들이 기록되어 있지만
치유자 예수님의 사역을 복음서 중심으로 모았습니다.
기회가 되면, 사복음서의 치유 사역에 국한하지 않고
사도행전에 나타난 치유 사건도 살펴보려 합니다.

그리스도인에게는 일상이 기적임을 강조하면서
치유와 상담 전문가이신 김의식 목사님의 총회장 취임이
한국 교회와 성도들이 큰 위로를 받고 고침을 받는
체험적인 역사를 경험하는 엄청난 기회가 되리라 확신합니다.

총회한국교회연구원에서

2023년 9월
저자 손윤탁